メンタルダウンから生き延びた
元幹部自衛官が語る

ユル賢い生存戦略

人生から逃げない戦い方

わび（@Japanese_hare）
マンガ 死後くん

扶桑社

はじめに

生きていると、上手くいかないことがたくさんあります。例えば、人間関係のストレスや仕事に対する焦り、漠然とした将来への不安…。私たちは、わりと難易度高めの時代を生きています。

そんなときに「戦う」「逃げる」の選択肢が2つ用意されていたら、あなたはどちらを選びますか?

私は、社会人生活の序盤で受けたパワハラによるメンタルダウンをきっかけに人生が一度大きく崩れました。地獄のような日々に目の前が真っ暗になり、人生のどん底まで落ちたと本気で思いました。

その後、数年かけてなんとか仕事ができるようになるまで立ち直り、市役所を経て、外資系企業に転職しました。ちょうどその頃、自分の経験をもとに「心を病まないコツ」を発信したX（旧Ｔｗｉｔｔｅｒ）の投稿が少しずついろんなメディアに取り上げられるようになりました。今では仕事や家庭、趣味とのバランスをとりながら、幸せな人生を送っています。
つまり、心のＳＯＳに従って逃げて心身を回復させた経験と、逃げずに踏ん張って環境が好転した両方の経験があります。

心や身体からＳＯＳのサインが出ているときには、がんばらずに「我《われ》の健在」を図ることが最善の策です。「我の健在」とは自衛隊でよく使われる言葉で、簡単に言うと「健やかにあり続けること」。無理に心を奮い立たせると諸刃の剣になり、自分を追い込んでしまいます。このときの「逃げ方」については、2022年刊の拙著**『メンタルダウンで地獄を見た元エリート幹部自衛官が語るこの世を生き抜く最強の技術』**で取り上げました。

一方で、つらいことから逃げるばかりでは、自分が本当に欲しいものから遠ざかってしまうこともあります。

市役所で働いていた頃の私は、無理なく働くことができていた一方で、なんとなく人生に虚無感を覚えていました。今考えてみると、人生の戦略が十分に練られていないままの撤退（転職）だったので、不安を募らせていたんだと思います。

先述した前作では、尊厳を傷つけるような人や環境から逃げて、心を守ることこそが「この世を生き抜く最強の技術」だと書きました。これは今でも間違いだとは思いません。ただ、それと同じくらい、自分の視点で考えて、挑戦という選択もとりながら今より良い環境を整えることも、生きるために必要だと考えるようになりました。

この本では、私が挫折からどうやって抜け出し、厳しい社会という戦場で再び戦える状態になったのか、その方法をお伝えします。

タイトルは「人生から逃げない戦い方」ですが、他人を蹴落として成功を目指したり、やみくもに試練をサバイブする特別な方法などは登場しません。

自分にとっての幸せを理解したうえで、「そのためにどう生きるのか」を考えること、言うなれば〝生存のために逃げない〟方法を実践的に伝えています。

キャリアとの付き合い方やコミュニケーションの取り方は、自分なりの幸せを叶えるひとつの要素にすぎませんが、ちょっとしたコツをつかむと生きるのがラクになるので、少し変わった経歴から得た私なりのヒントを提供できればと思います。

この本が、難易度の高いこの世界で、誰かの戦う道標になれば幸いです。

contents

chapter 2

無理せず戦える環境を整えよう

chapter 3

なんとなく楽になる働き方の原則

contents

chapter

5 人生で最後まで付き合う自分を大切に

装丁　小口翔平＋畑中茜（tobufune）
本文デザイン　市川晶子（扶桑社）
漫画・イラスト　死後くん
DTP　明昌堂
校正　小出美由規
編集　楢原沙季

序章　人生から逃げた先にあったもの

この章では、恥ずかしながら私自身の失敗の背景と経緯、失敗の要因をお話しできればと思います。

私自身の経験ではありますが、ほとんどの人と何ら変わらない人生を送ってきましたし、今もなお、会社員として働いているので、みなさんと共通する経験や共感するところは意外に多いと思っています。私のSNSを見てくれている方や以前に書いた本を読んでくれた方にとっては知っている内容になるかもしれませんが、次章以降の根っことなる話になりますので、読んでもらえるとうれしいです。

さて、私の社会人としてのスタートは陸上自衛隊でした。

「いきなり普通とは違うじゃん」と思うかもしれませんが、訓練や災害派遣など特別な場合を除くと、会社員と変わらない生活です。パソコンをカタカタさせて資料を作ったり、偉い人たちの会議の準備をしたり、たまに仕事帰りに飲みに行ったりする毎日です。

失敗したり、怒られたりすることもありましたが、自衛官としての適性があったのか、意外と楽しかったし、わりと評価もされていたので、勤務年数を重ねるにつれて「私にはこの仕事しかないな」と思い込んでいくようになりました。

そんななか、大きな環境の変化を迎えます。初めての子ども、しかも双子の子どもを授かり、その直後に引っ越しを伴う異動になりました。

異動先での仕事内容については詳しくお話しできませんが、当時は朝早くから出勤して夜遅くまで働かざるを得ないような仕事でした。平日だけではさばききれず、土日のどちらかも出勤していたので、時間外労働は月200時間くらいで、体力はいつもレッドゾーンでした。

さらには、そのときの上司がいわゆる「パワハラ上司」で、仕事上での暴言や嫌がらせだけでなく、私の人格や家庭のことまでことごとく否定してくる人だったので、メンタルもガリガリ削られていました。

一方、家庭はというと、生まれたばかりの双子の育児で、妻にとっても私にとっても「休める環境」ではなく、気分転換になるような趣味もなかったので、ただひたすらに自分を削る日々が続きました。

このときの働き方に違和感を覚えてはいました。

でも、ひとつの組織にどっぷり浸かってしまって、「この道しかない」と思い込んでいた私には、「前進」以外の選択肢は考えられず、地獄のような環境をひたすら進むしかなかったんです。

さらには、それまでとても恵まれた人間関係のなかで生きてきたこともあり、「いつか、きっとわかり合える」的なことを信じていました。それゆえ、自分が優しく振る舞っていれば、相手も変わってくれるだろうと考えていました。

けれども、最後まで何も変わることなく、ついには自分の心が壊れて働けなくなり、人生から逃げました。そして、その間にたくさんのことを失いました。メンタルダウン後の私の状態については、前作で書いたし、あまり思い出したくもないので、ここでは詳しくお話ししません。ただ、一言で言うと地獄です。

「心が折れる前に、逃げよう。」、これは正しいと思っています。
先ほどお話ししたように、自衛隊には「健やかで在り続けること」を指す「我の健在」という言葉があります。この「我の健在」のために、目の前のことから一時的に逃げるのは戦い方のひとつです。
しかし、人生から逃げてしまうと、全てが虚無となり、生きていることすらが苦痛になります。

このような事態は私に限った話ではなく、おそらくすべての社会人にも起こり得ることだと思いますし、実際にSNSなどを通じて寄せられた相談で同じような背景・経緯で心を壊してしまったという方を何人も見てきました。

その後、私は3年ほどかけてなんとか仕事ができるまでに回復しました。10年経った今では、自衛隊から転職して、そこそこのお給料をもらいながら、農業や釣り、寺社仏閣巡りを楽しみ、最近では狩猟を始めて、以前よりも体も心も自由で、ようやく「人生」に戻れた気がしています。

思い切って環境を変えたことが大きな要因だとは思います。ただ、それだけでなく、少しずつ元気になるにつれて、自分の「内」にあった「失敗の要因」を振り返って、少しずつ自分自身を変えていったことも大きいと思っています。

私の失敗の要因は次のとおりです。

自分の生き方がなかった

目先のことしか見えていなかった

逃げていいときがわからなかった

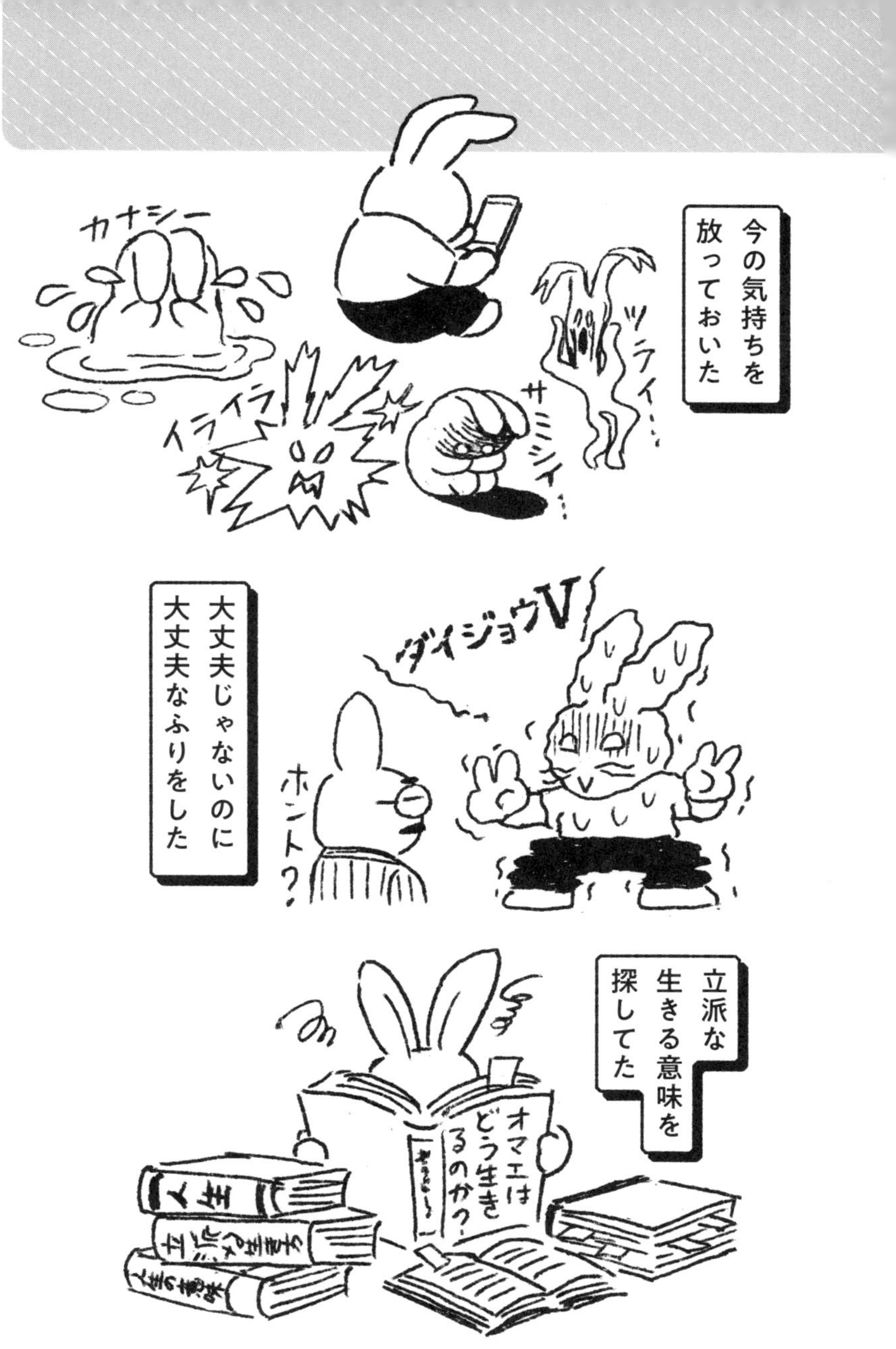
今の気持ちを放っておいた
カナシー
ツライ…
イライラ
サミシイ…
大丈夫じゃないのに大丈夫なふりをした
ダイジョウブV
ホント？
立派な生きる意味を探してた
オマエはどう生きるのか？
人生

合わない環境で戦い続けた

仕事や家庭以外の居場所がなかった

仕事とプライベートの境界が曖昧だった

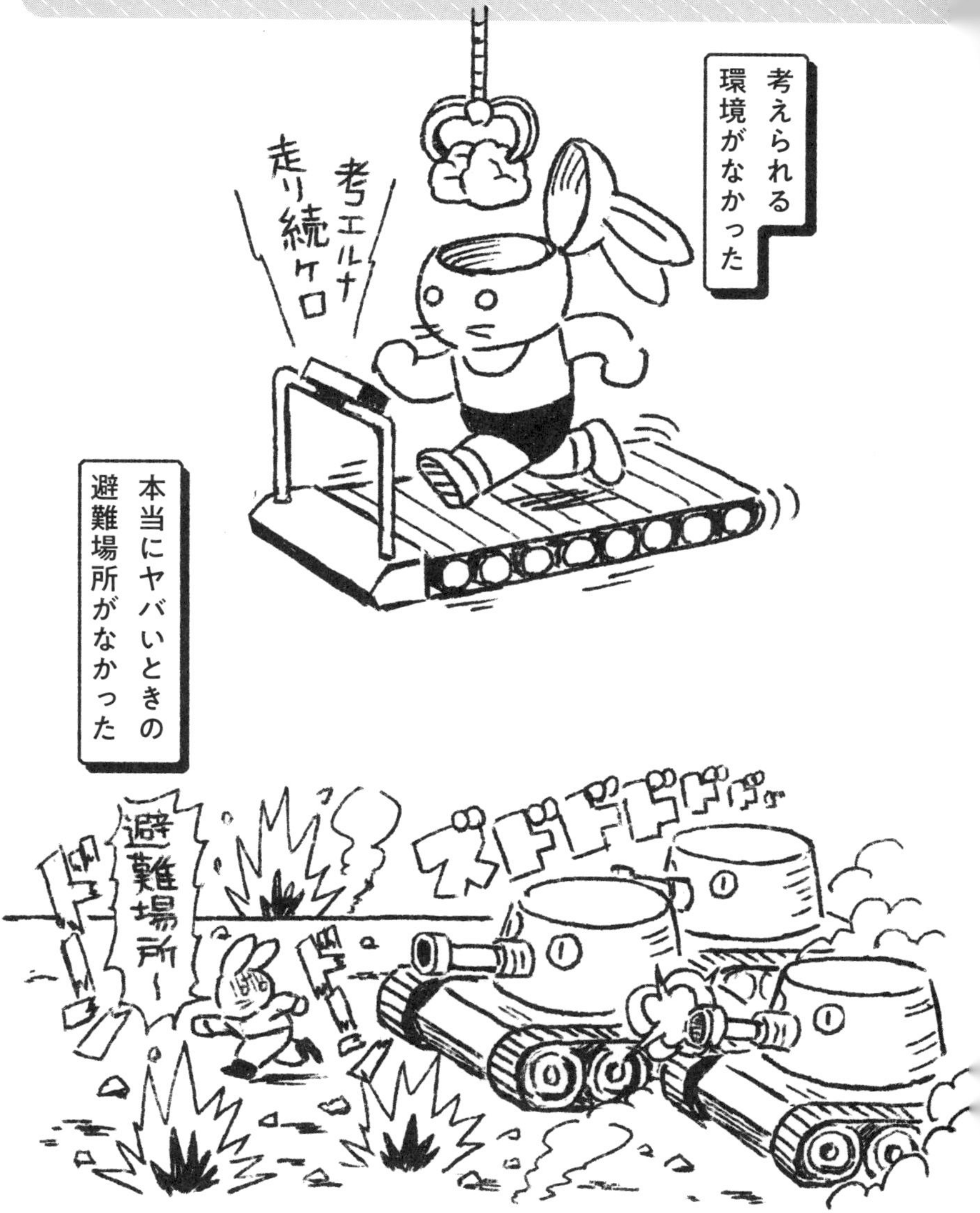
考えられる環境がなかった
考エルナ
走リ続ケロ
本当にヤバいときの避難場所がなかった
避難場所〜

仕事全体を見ていなかった
仕事

下手に守りに入った仕事をしていた
攻めるんだ〜

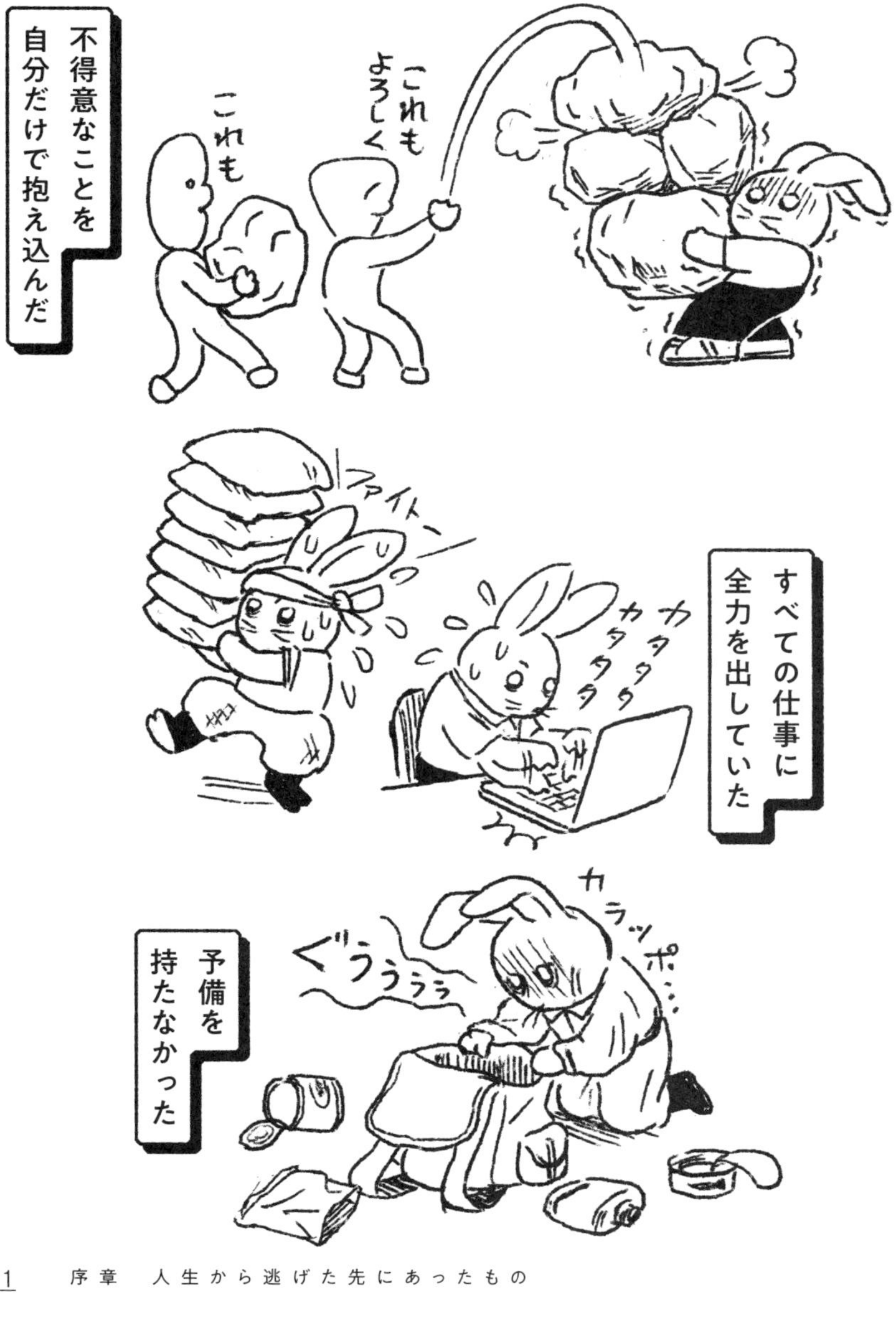
不得意なことを
自分だけで抱え込んだ
これもよろしく
これも
すべての仕事に
全力を出していた
ファイトー
カタタタ
カタタタタ
予備を
持たなかった
ぐうぅぅぅ
カラッポ…

最初の違和感を
軽く見ていた
まあ大丈夫か…
ミシッ

いつか、きっと
わかり合えると
思っていた

嫌なことを
嫌と言えなかった
嫌じゃないよな
嫌じゃないっス…

無理に優しくしようとしていた
本当に大切な人がわからなかった

自分の大切さがわかっていなかった
大切にして
は?

消耗＞回復で日々を回していた
回復
消耗

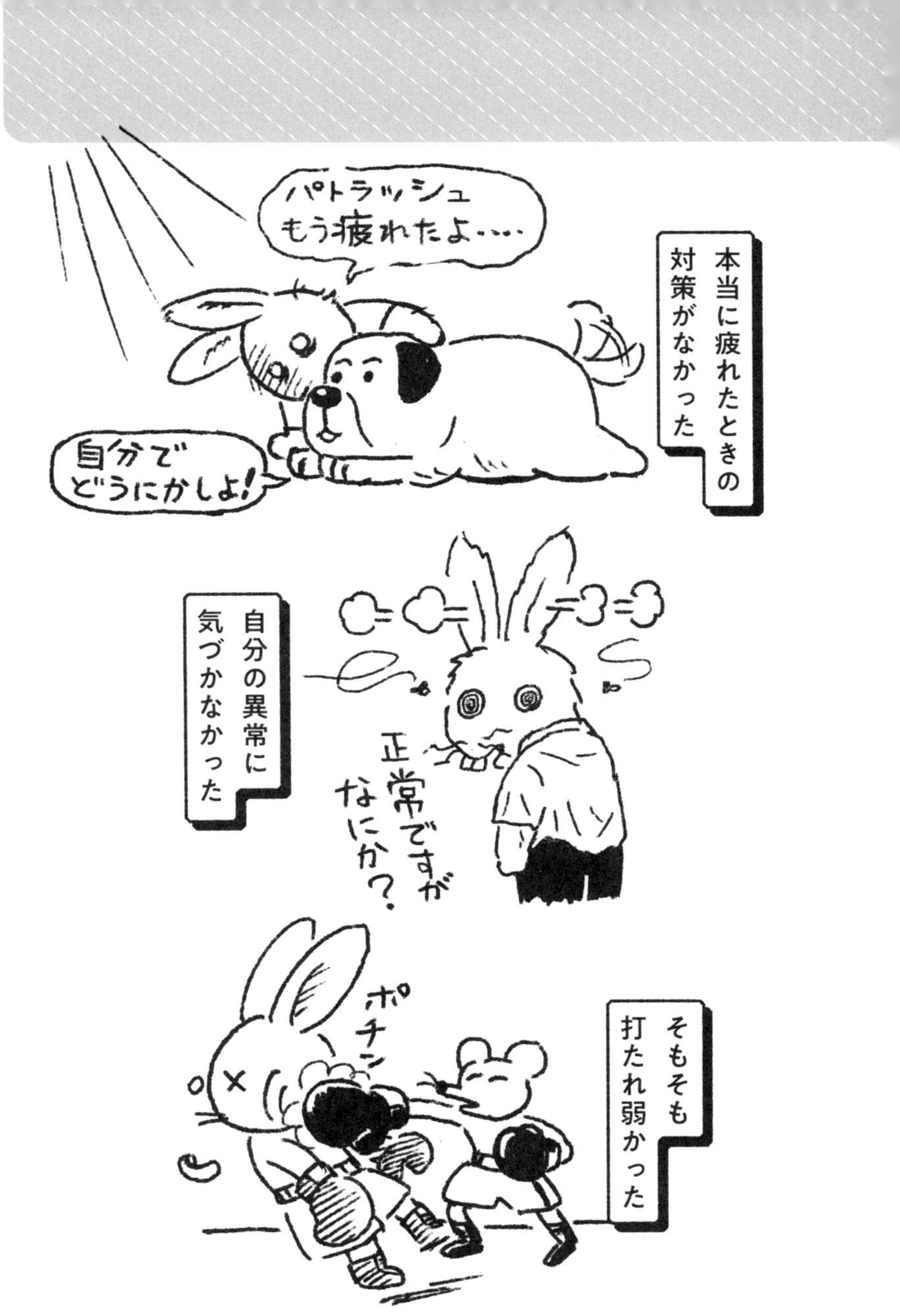
本当に疲れたときの対策がなかった
パトラッシュ もう疲れたよ‥‥
自分でどうにかしよ!
自分の異常に気づかなかった
正常ですがなにか?
そもそも打たれ弱かった
ポチン

改めて見てみると、こんなに「失敗の要因」があったのに、逆によくもったなと思います。どこか凹みがちな人にとっては、共通するところが多いのではないでしょうか。

私はもう二度と人生から逃げないように、そして、あのときのような地獄を見ないように、これらの失敗の要因に少しずつ自分なりの対策を立ててきました。とは言っても、何か新しいことを勉強したとかではありません。ほとんどの答えは、今まで生きてきたなかにありました。特に自衛隊で学んだ戦略や戦術の考え方、あるいは諸先輩方の教えからヒントを得ました。

せっかく良い知恵をたくさん持っていたのに一度人生が壊れるまで気づかなかったのは、真っ暗なほうが星がよく見えるのと同じだと思っています。暗い人生になったからこそ、今までの知恵が見えてきたんです。どん底まで落ちたからこそ、今まで捨ててきたものが拾えたんです。

第1章からは、これらの失敗の要因に対して、今の私がどのような策を講じながら生きているかをお話しします。

chapter

1

自分の「生きる」を大切に

第1章は、自分の「生きる」を大切にできるようになる考え方のお話です。
これは私の持論ですが、この世はそんなにまともじゃありません。
自分なりの幸せの形を持っていないと、誰が唱えたかわからない
「普通」に呑み込まれてしまいます。
ある程度の幅のある考え方がないと、細かいことや挫折、
遠回りに耐えられなくなってしまいます。
苦しいからといって逃げていいときを誤ってしまうと、
戻ってくるのがとても難しくなってしまいます。
このような生きづらい世の中を、少しでも生きやすくするためには、
自分の「生きる基準」をなんとなくでもいいから持って、
大切に育てていくことが大事かなと思っています。
この章が、みなさんの「生きる」の一助になれたらうれしいです。

「人生って難易度高いな…」って思ってたけど、自分で高くしているだけかもしれない。

学校や会社、あるいはネットとかで見つけた「他人の価値観」を自分の庭に植えて、

せっかく見通しの良かった景色が見えなくなっていく感じ。

自分の「生きる」に余計な修飾語をつけるから、生きづらくなるんだと思う。

1

幸せは自分の庭で育てる

人生の難易度って、どのように設定されるんだろうと考えることがあります。今のところの私の結論ですが、自分なりの幸せの形がどのくらい見えているかで難易度は変わってくると思っています。

でも、自分なりの幸せの形って、かなり見えにくいんですよね。なぜかというと、どうしても他人の幸せが目に入ってしまうからです。

昔から「隣の芝生は青い」という言葉があるように、人は相手のことを羨ましいと感じやすいです。自分にはない良さだけが目立って、羨ましく思ってしまいます。そのうえ、学校や会社、SNSなど、どこにいても他人のことが目に入ってしまう世の中です。学校や会社でもてはやされている人を見たり、SNSで「いいね」

をたくさんもらっている人を見ると、自分なりの幸せの形が霞んでしまうのも無理はありません。

では、どうしたらよいのでしょうか。

この問いの答えとして、本やSNSなどでよく目にするのが「人と比べない」です。とても明快な答えで、確かにそのとおりだと思います。

ただ、人と比べないためにはどうしたらいいかがよくわからないし、そこまで教えてくれる人って、なかなかいません。私もまだまだ「人と比べない」という境地には達していないので、会社でガンガン出世してる人とか、SNSで高級なお寿司を食べてる人とかを見ていると羨ましく思えてきて、自分の人生がちっぽけなものに感じることがあります。

でも、そんなネガティブ思考に歯止めをかける、ある考え方を持つことで、少しはマシになった気がします。

それは、冒頭のポストのとおり、自分なりの幸せの形を「庭」に例えてみることです。

人にはそれぞれオリジナルの人生があり、それに基づき今まで培ってきた価値観や、大事にしてきたもの、そして、目指すものがあると思います。それらを庭に置き換えてみるんです。

今まで培ってきた価値観とは、庭の土壌。大事にしてきたものとは、今まさに庭に植えられている野菜や花や木、目指すべきものとは、庭から遠くに見えるお気に入りの風景です。

私を例に挙げると、自然に囲まれた環境に慣れ親しみ、華やかな世界が苦手な性質が土壌、ずっと大事にしている畑仕事やどこか懐かしい感じのするところへの旅行が野菜や木になると思います。そして、どこかの片田舎で猫を2匹飼って晴耕雨読の日々を過ごし、たまに来る心許せる友人と酒を酌み交わす将来がお気に入りの風景です。

お気に入りの風景を崩さずに、庭の土壌に合った野菜や花、木を育てていくことが、自分なりの幸せの形作りだと考えています。

そう考えると、他人の価値観で育ったものを持ってくることに違和感を覚えてきます。

どんなにキレイな花でも、今まで他人が培ってきた土壌だからこそキレイに咲くもので、自分の庭でもキレイに咲くとは限りませんし、すぐに枯れてしまうことのほうが多いと思います。

現実に例えるなら、ブランド品の服やアクセサリーに身を包んでいる人が「いいね」をたくさんもらっているのを見て、羨ましさから真似してみても、同じように「いいね」が集まるとは限らないし、自分の価値観に合わず「何してるんだろ…自分…」となってしまいます。

そのことに気づけたらまだ救いがありますが、下手に執着してしまうと、いびつな形で大きくなってしまい、遠くに見えていたはずのお気に入りの風景、つまり、自分なりの幸せの形が見えなくなってしまうのです。

自分なりの幸せの形は、自分の「生きる」を確立することで見えてきます。

そのためには、自分の正直な価値観、今まで大事にしてきたもの、これから目指すものを大事にしてください。そうすると、おのずと人生の難易度は下がり、生きやすくなりますよ。

“「自分なりの幸せ」にピントを合わせると
人生に必要なもの、不要なものが自然と見えてくる”

人生、「道」にこだわりすぎるとメンタル病むよ。
あまり細かいことは考えずに、なんとなく生きたい「方向」だけ決めて進む。
そうすれば、遠回りや挫折なんてあまり気にならなくなるよ。

2 大きな矢印と小さな矢印

私はよく散歩をします。

とりあえず目的地だけ決めたらその方向へ歩き出し、細かい道ではそのときの状況や気分で決めます。途中で猫を見かけたら近づいてみますし、おなかがすいたら良さげなカフェに立ち寄ります。向こうからややこしそうな人が歩いてきたら回り道するし、キレイな花と出会ったら立ち止まります。方向さえ合っていれば、大きく道に迷うことはないので、細かい道を調べるのは、目的地に近くなったときだけです。

こうしたほうが、真っすぐ目的地に行くよりも、いろんな発見や出会いがあって楽しいし、思い出に残ります。

人生の歩き方も散歩のような感じで考えられるようになると、とても楽しくなります。逆に、自分の人生をものすごく先までガチガチに固めてしまうとしんどくなると思います。

先ほどの散歩に例えるなら、猫を見かけても素通り、おなかがすいても我慢したり、ややこしそうな人に絡まれたり、キレイな花と出会っても立ち止まることなく頑なに進むのみ。何があっても迂回せず、力業でただひたすらに決めた道を突き進む、漫画『魁!!男塾』の「直進行軍」のような生き方になると思います。

たぶん、並々ならぬ体力と強靭なメンタルを持ち合わせた人でないと、最後まで歩ききれないのではないでしょうか。

というのも、序章でお話ししたように、私はこの直進行軍的な考え方で人生を歩んでいたせいで、メンタルをひどく壊したことがあるからです。

考え方にもっと余裕があれば、同じ結果にはならなかったと思います。

もちろん、目標を掲げることは大切ですし、比較的短期間で目標を達成するときには、脇目も振らずに突き進む直進行軍が必要なときもあります。

でも、**人生のように長い道のりを歩むとき、そこにある程度の振れ幅がないと、道から外れたり、立ち止まることをひどく恐れて、無理を重ねてしまうんです。**

これに気づいたのは、陸上自衛隊小平学校（現在の情報学校）で元防衛省情報分析官の上田篤盛先生や元ロシア防衛駐在官の高瀬淳嗣さんに戦略的な考え方を教わったおかげです。

戦略的な考え方というと、なんだか難しい感じがしますが、ざっくり言うと、先ほど散歩のお話に出てきた目的地への方向のようなものです。

そして、その方向から外れない範囲で、目の前の状況に応じて細かい道を決めて進む、これが戦術的な考え方です。もっと簡単にすると、戦略的な考え方が「大きな矢印」、戦術的な考え方が「小さな矢印」で、その関係は下図のようになります。

つまり、方向さえ合っていれば、回り道をしたり、途中で立ち止まったとしても、いずれは目的にたどり着くんです。

逆に、大きな矢印がなかったり、その方向を間違ってしまうと、途中で大きく迷ってしまったり、目的にたどり着けなくなります。

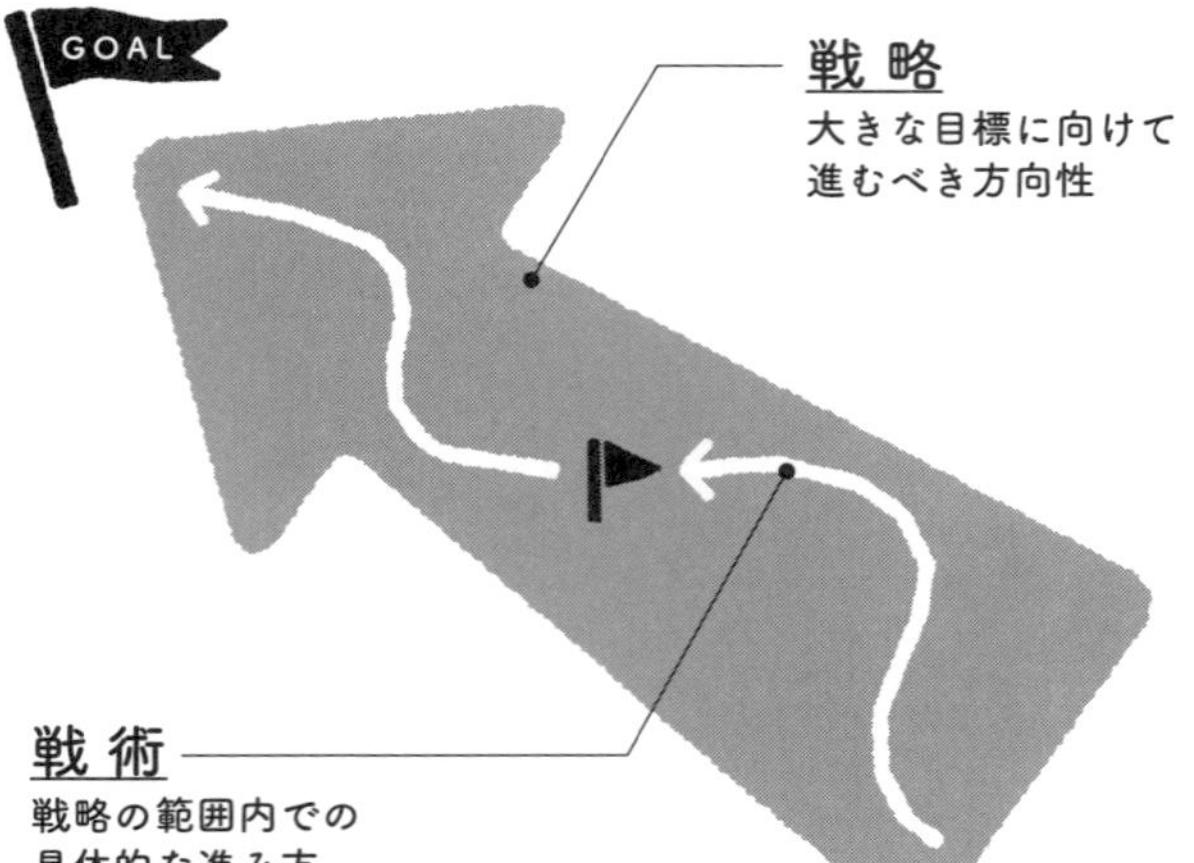

これがよく言われる「戦術の失敗は戦略で補うことが可能だが、戦略の失敗は戦術で補うことはできない」という話です。これは軍事行動や企業経営などに限った話ではなく、人生の歩き方にも言えるんじゃないかなと思っています。

なので、回り道をしてもいいと思います。その道の分だけ、いろんなものを見ることができます。立ち止まってもいいと思います。その時間の分だけ、ひとつのことを考えることができます。

生きる方向が合っていれば、いずれは目的地にたどり着きますよ。

「大きな矢印＝目的地への方向」は見失わず、「小さな矢印＝具体的な進み方」は柔軟に考えよう

「逃げてもいい」という言葉、オーバードーズすると人生詰むよ。
本当にヤバいときには最良の薬だけど、
濫用すると自分をジワジワ苦しめる毒にもなるんだ。
「逃げる」は用法・用量を守って正しくお使いください。

3 逃げていいとき、悪いときを見極める

最近、本やSNSなどで「逃げてもいい」という言葉をよく目にします。意外かもしれませんが、私はこの言葉があまり好きではありません。

「逃げてもいい」を濫用してしまうと、人生を詰んでしまうからです。かといって、「逃げてはいけない」と言うつもりもありません。人生には「逃げていいとき、悪いとき」があると思っています。

では、逃げていいときと悪いときって、それぞれどういうときでしょうか。

結論から言うと、先ほどお話しした「大きな矢印」のなかに入っているかどうかです。

「大きな矢印」は、戦略的な考え方のことで、簡単に言うと目的に向かうための方向でしたね。大きな矢印さえ合っていれば、回り道をしたり、途中で立ち止まったとしても、いずれは目的にたどり着くということでした。

ということは、**大きな矢印のなかであれば、1回や2回くらい逃げたとしても、目的にそんなに大きな影響はないということです。**

逆に、**逃げてはいけないときは、大きな矢印から外れてしまうような逃げ方です。つまり、目的を放棄するような逃げ方**です。

大きな矢印から外れてしまうと、目的にたどり着けないどころか、自分の現在地を見失って、長い間さまようことになります。大きな矢印から逃げてしまうと、その後の挽回はとても難しいものになります。

例えば、何か難しい資格試験に合格するという目的があるとします。

その試験に合格する手段として、専門学校に通っていました。でも、自分のペースで勉強できないので、専門学校をやめて、通信教育で勉強をすることにしました。この場合はどうでしょうか。

これは、まだ資格試験の合格へ向かうという大きな矢印のなかにいます。通信教育に切り替えることで、自分のペースで勉強できるようにして、資格の試験に合格する可能性を上げるためです。なので、専門学校をやめることは、逃げてもいい場合になります。

一方で、これといった理由もなく、専門学校をやめて、勉強すらしなくなると、どうでしょうか。

これは、資格試験に合格するという大きな矢印から外れることになるので、逃げてはいけない場合になります。

このように、本来の目的を見失わないで、最終的な勝利のために戦略の範囲内で一旦逃げることを「戦略的撤退」と言います。戦略的撤退は、先ほどの例の専門学校から通信教育への変更のように、自分の状況を考えて、より有利な状況を整えるために行われます。

そのほかにも戦略的撤退を考えなければならない大事なときがあります。それは「我の健在」が危ういときです。

陸上自衛隊が作戦を立てるとき、いつも目標に「我の健在」を掲げます。戦いは目的を達成するまで続きます。言い換えると、目的を達成するまで戦い続けないといけません。そのためには、「健やかで在り続けること」が必要なんです。

これは個人レベルでも同じで、心身が健やかな状態でなければ、目的の達成は難しくなります。なので、自分の心身が正常でいられないような状況に陥ったら、これも戦略的撤退を考えなければならない大事なときだと思ってください。

「逃げてもいい」は間違ってはいません。けれども、逃げた先に何があるかをよく考えて逃げてください。

逃げることが本来の目的を放棄することにつながるのなら、多少の犠牲は顧みずに戦い抜いたほうがいいです。目的を放棄する撤退は、毒のようにその後の自分をジワジワとむごたらしく苦しめますから…。

“大きな矢印から外れて目的を放棄する逃げ方は自分を苦しめる”

40年ほど生きて、後悔しないコツがわかってきた。
気になる本は、すぐに読む。行きたいところには、早めに旅行。
「あ、無理」な人とは、即サヨナラ、など。
要は「今の気持ち」に正直に動く。将来なんて誰にもわからない。
確実にわかっているのは「今の気持ち」。だから、今日はハーゲンダッツを食べる。

4

不確かな未来より「今の気持ち」を大切に

40年ほど生きてきました。一般的に40歳のことを「不惑」と言うようですが、私はまだまだ迷うことは多いです。夜中にハーゲンダッツが食べたくなって、買いに行くか否かでよく迷います。

しかしながら、最近になって、後悔しないコツくらいはなんとなくわかってきた気がします。それは「今の気持ち」に正直に動くことです。

40年を振り返ってみると、いろんな後悔が思い起こされます。

本当は女の子にモテたかったのに、興味のないフリをして過ごした結果、ノー彼女で終わった高校生活。受けたい研修があったのに、先輩にその枠を譲った結果、何のスキルも身につかなかった20代。残業とパワハラで全然大丈夫じゃなかったのに、「まだ大丈夫…」と無理をした結果、メンタルダウンで終わった自衛官人生など…。

このように長く続く後悔には、共通点があることに気づきました。
それはそのときの本心に従って行動していないことです。女の子にモテたい、専門教育を受けたい、全然大丈夫じゃないという気持ちがあったのに、そのときの「今の気持ち」に正直に動いていないことが深い後悔につながっているのだと思います。

でも、今の気持ちに正直に動くって、結構難しいと思います。
行動するときって、どうしても将来のシナリオを考えてしまうからです。「本当はあの人に話しかけたいけど、興味がないフリをしたほうが気を引けるのではないか」「心身ともに限界だけど、ここで休んだら居場所がなくなるのではないか」という具合に不確かな未来をあれこれ考えてしまいます。そして、いろんな将来シナリオを考えるあまり、今の気持ちとは違う選択をすることも少なくないです。

では、どうしたらよいかというと、人間関係においては、自分で考える将来は当てにならないことをよく理解しておくといいと思います。なぜなら、そこには少なからず自分にとって都合のいい主観が入ってしまうからです。

私は仕事の一環で「未来予測」のようなことをしています。その業務をするにあたって、重要なことのひとつが、常に客観性を保つことです。主観を徹底的に排除しないと、自分にとって都合のいい結果に寄ってしまうからです。

組織などの未来予測なら、ある程度は客観的に見ることができると思いますが、自分の将来シナリオを考えるときに、主観を徹底的に排除するのは無理なんじゃないかなと思っています。

また、個人の将来シナリオを考えるのは、不確定の要素が大きすぎて難しいと思います。

個人レベルになると、他人との関係がより密になるので、将来を描く際に他人の気持ちを確定する必要があります。しかし、集団の意思を明らかにするのは、ある程度の規則性があるので、振れ幅はそんなに大きくはないのに対し、個人の気持ちの振れ幅は大きすぎます。みなさんも心当たりはあるかとは思いますが、人って、そのときの機嫌の良し悪しで、結論がＹｅｓからＮｏに変わることなんてよくあります。

このように**自分で考える将来シナリオは当てにならないことをよく理解していれば、余計な打算がなくなり、判断の基準は今の気持ちくらいしかなくなります。**

気になる本はすぐに読もう、行きたいところには早めに旅行しよう、「あ、無理…」な人とは即サヨナラしようなど、あまり迷うことなく決められるようになるし、今の気持ちに正直に動けるので、大きな後悔になることは少ないでしょう。

だから、私はハーゲンダッツを食べるんです。

明日のことはわからない、「今の気持ち」に忠実に

自衛隊でメンタル病んだとき、心理幹部から「しんどいときに弱音を吐かない人ほど、急に心が折れる」と教えてもらったよ。逆に、弱音を吐く人ほど、困難な状況を乗り越えられることが多いとのこと。弱音を吐けば、自分の状態がわかるし、周りが助けてくれるんだって。無理せず弱音は吐きましょう。

5 無理せず弱音は吐きましょう

弱音って、ネガティブなイメージがありますよね。特に、大人になってからの弱音はダメなことと思われがちです。でも、少しくらいの弱音は、がんばりすぎてしまう自分を上手にコントロールするために必要なことなんです。

昔、私は「弱音を吐く奴は弱い奴」と思っていました。どんな困難にも弱音を吐かずに自分で乗り越えていく人が強い人なんだ、そう思っていた時期がありました。たぶん、それまでの人生で本当にしんどいことを経験したことがなかったからだと思います。

そして、初めて心と体が悲鳴を上げるような業務量&パワハラに直面したとき、その悲鳴に耳を傾けることなく、自分の逃げ道を断ち、大丈夫じゃないのに大丈夫なフリを続けました。結果、心身は壊れ、多くのものを失い、一時期は廃人のような生活を送っていました。

そんななか、陸上自衛隊のメンタルヘルスに関する施策を行っている心理幹部と話をする機会がありました。そこで「しんどいときに弱音を吐かない人ほど急に心が折れる」と聞きました。

その心理幹部によると、弱音は心や身体が限界に近づいているときにその状態を緩めるためにこぼれ出るもののことです。そして、**真面目な人ほど「弱音＝ダメなこと」と思っているので、限界の状態を緩めることなく、ついには心が折れてしまうとのことでした。**

逆に、ほどよく弱音を吐ける人は、心身の限界が近づくたびに緩めることができるので、困難な状況を乗り越えられることが多いとのことでした。また、弱音を吐くことで、自分が困難な状況にいることを周りの人に認識されるので、助けてもらいやすくなるとも言っていました。

つまり、**弱音は心身の状態を内外から整えるために必要なことだし、つい弱音が出てしまうのはごく自然なことなんです。**決して「弱音＝ダメなこと」ではないのです。自分の弱さを頑なに認められないほうが結果として追い込まれてしまうし、**自分の弱さを認められる「しなやかさ」を持つことが真の強さだと思います。**

とは言っても、やはり弱音って吐きづらいですよね。

自分が「弱音は心身の状態を整えるために必要なこと」と認識していても、世の中には「弱音＝ダメなこと」というオールドタイプの価値観を持っている人が多いと思います。そんな人に弱音を吐いてしまうと、「あなたよりつらい人はたくさんいる」などといった、お決まりの言葉が返ってくるだけで、かえってしんどくなってしまいます。

なので、弱音を受け入れてくれる人を見つけておくといいです。

弱音を聞いてくれる人は、最高のヒーラーです（立場が逆の場合は、ちゃんと相手の弱音も聞いてあげてくださいね）。ただ、どんなに信頼できる人でも、アドバイスをくれる人は避けたほうがいいです。なぜなら、正論は人を傷付けやすいからです。心が限界に近づいているときに正論を向けられると、その状態を緩めるどころかトドメを刺されてしまいます。

弱音を受け入れてくれる「人」が見つからない場合は、私のようにお地蔵さんに弱音を吐くといいかもしれません。通勤や散歩の途中にお地蔵さんがいる人は、手を合わせて小さな声で弱音を吐いてみてください。優しい眼差しで、ただひたすらに受け入れてくれるので、意外とスッキリします。

生きていると、しんどいことは多いです。

しんどいときは無理せず弱音を吐きましょう。

それが強く生きるコツだと思いますよ。

”つらいときに弱音を吐けることこそ、真の強さ“

生きる意味を考えすぎると、迷子になって落ち込んでしまうよ。
なので、迷子になりそうなときは、少し先まで生きる理由を考えよう。
「お昼は唐揚げを食べよう」とか「来週は映画を見るぞ」、
「夏は鎌倉に行きたいな」など。
その小さな理由が「人生の足元を照らす灯火」になると思っています。

生きる意味って何だろね・・・
へ!?・・生きる意味?
まあ人それぞれだと思うけどボクにとってはコレだね
24 MART
茶フェア
抹茶
コンビニ?
抹茶フェア
見たまえよ季節限定のスイーツ♪
たくさんあるね
季節が変わるたびこれを食べ比べるのがボクの生きがいさ
次の季節までは死ねないよ
抹茶もっちりシュークリームうま〜〜

6 人生が見えないときは足元を照らす

よくSNSで「何のために生きているのかわかりません」とか「生きる意味がないです」という相談を受けます。でも、この手の相談にはあまり答えたことがありません。別に無視しているわけではなく、私も生きる意味をよくわかっていないからです。

昔、私も生きる意味を考えすぎて、迷子になったことがあります。

自分では答えが見つからず、本やインターネットで生きる意味を探しました。私と同じような経験がある人はわかると思いますが、「生きる意味を探し続けるのが人生」「毎日をしっかり生きることが存在に意味を与える」「他者との繋がりが自分の存在を明確にする」など、数々の珠玉の答えを見つけることができます。

でも、これらの答えは屯服薬《とんぷくやく》みたいなもので、見つけたときはありがたい言葉の雰囲気に呑まれて、いっときは納得するのですが、数日もすると忘れてしまいます。だけど、それが当たり前なのかも、と考えるようになりました。

結局、死ぬまで生きる意味はわからないのかもしれません。でも、私が迷子になっている最中、妙に心に残り続ける、本の一節と出会いました。

「死のうと思っていた。ことしの正月、よそから着物を一反もらった。お年玉としてである。着物の布地は麻であった。鼠色のこまかい縞目《しまめ》が織りこめられていた。これは夏に着る着物であろう。夏まで生きていようと思った。」

これは太宰治の小説「葉」の一節です。

夏に着る着物をもらったから、夏まで生きる。**少し先まで生きる理由があるから、そこまで生きてみる。**この本の一節に出会ってから、別に生きる意味や大きな目標を持っていなくても、こういう感じで生きていくのもありかなと思い続けています。

また、もうひとつ印象に残っている言葉があります。

それは自衛隊時代、師団司令部の情報を担当する部署で勤務していたときの部長要望事項「一隅《いちぐう》を照らせ」です。

この要望事項は、天台宗の開祖、最澄《さいちょう》が説いたといわれている「一燈照隅万燈照国《いっとうしょうぐうばんとうしょうこう》」を参考にした言葉だと言っていました。「一燈照隅万燈照国」とは、ひとつの灯火だけでは隅しか照らせないが、その灯火が万という数になると国中を照らすことができるという意味の言葉です。つまり、些細な情報でもしっかりと集めて分析していけば、大事を明らかにすることができるという意味を込めて「一隅を照らせ」を要望事項にしたそうです。

この言葉は、人生にも当てはまる言葉だと思います。先ほどの「少し先まで生きる理由」は、人生のなかの一瞬を照らす小さな灯火にしかなりません。でも、**そんな小さな灯火でも、その都度しっかりと灯していけば、その光が人生の軌跡となり、やがては生きる意味にもなる**と思います。

生きる意味なんて、前払いか後払いのようなもので、前もって意味を持って生きるか、後から生きる意味を知るかの違いだけだと思います。

私は先ほどお話しした2つの言葉との出会いから「生きる意味なんて後付け設定でもいいかな」と思うようになりました。実際に今のところの私の生きる意味も、なんとなく生きてるうちに見つけたものです。

また、下手に生きる意味を持ってしまうと、その意味に囚われて行動が縛られてしまうかもしれない。そう考えると、逆に大層な生きる意味なんてないほうがいいのかなとも思えてきます。

なので、「今日のお昼は唐揚げを食べよう」とか「来週はあの映画を見るぞ」とか「夏には鎌倉に行きたいな」など、今の自分の気持ちに正直になってみてください。そして、少し先の未来に向けて、楽しいことや今の自分にできることを探してみてください。

そうやって、自分の足元を照らしてくれるような「少し先まで生きる理由」を増やしていくことが、人生を明るくすることに繋がるんじゃないかなと思っています。

“少し先の小さな楽しみが、折り重なって人生を照らす”

chapter

2

無理せず戦える環境を整えよう

第2章は、戦うための環境のお話です。
自衛隊にいたとき「戦いは戦場選びで決まる」と教わりました。
自分たちの武器などの使用が制限されるような戦場だと、
どんなに強い部隊でも思うように戦えないからです。
これは人生で言うところの環境と同じだと思っています。
自分に合う環境に身を置くだけでなく、いざというときの
心の避難場所や緩衝地帯などを用意しておくことが必要だと思います。
また、なるべく最適な判断ができるように
思考の環境を整えておくことも大事です。
人生は戦いの連続です。この章が、みなさんのこの世で生き残るための
環境作りに貢献できれば幸いです。

昔は「アスファルトに咲く花のように強くなりたい」と思っていたけど、
社会人を10年も経験すると、自分がそんなに強くないことや、
自分に合った環境じゃないと、花なんて咲かないことに気づきました。
置かれた場所でがんばることも大切ですが、
自分に合った環境に身を置くことも忘れないでください。

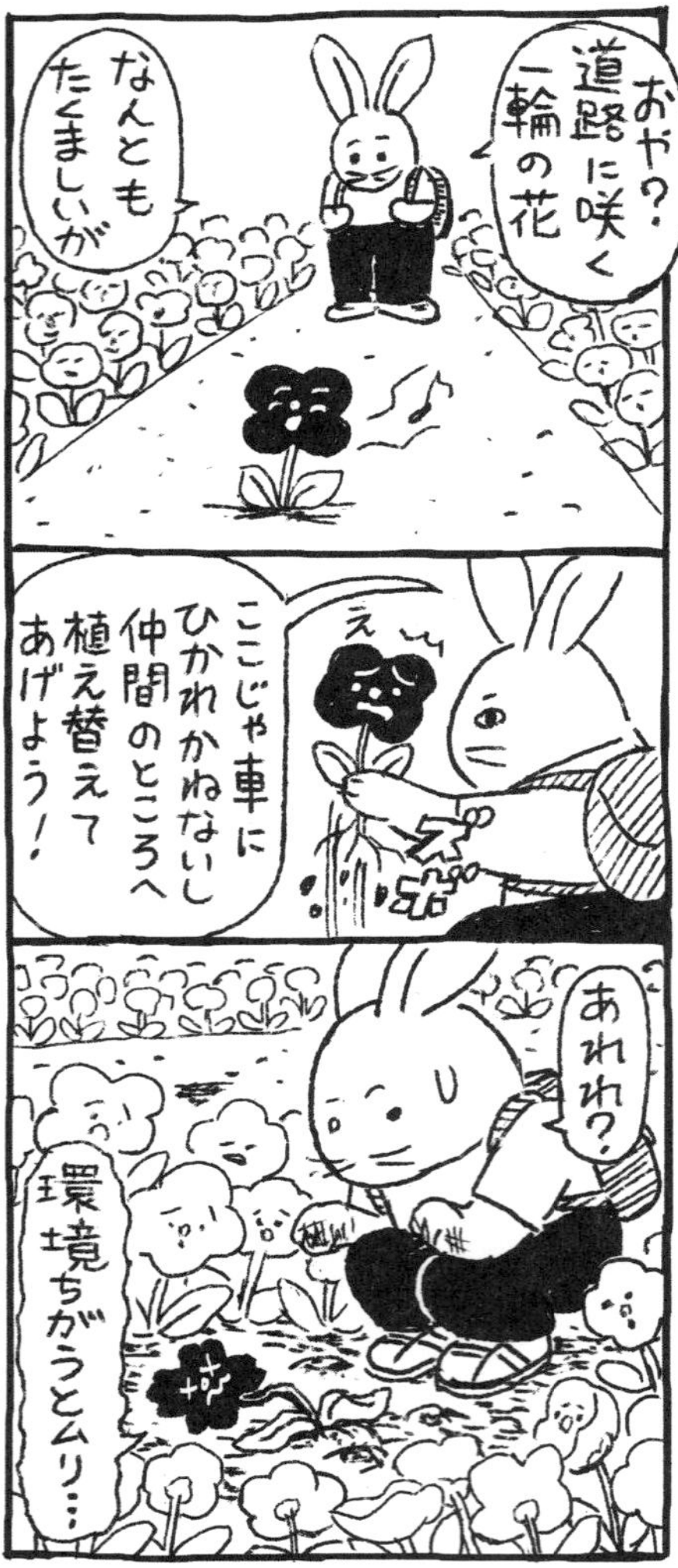

1 「置かれた場所」で咲く花が変わる

私はあまり音楽を聴くことはないのですが、岡本真夜さんの「TOMORROW」は好きです。1995年の曲で、曲名より「涙の数だけ強くなれるよアスファルトに咲く花のように」という歌詞の方が有名かもしれません。この歌のなかで「アスファルトに咲く花」は、どんな困難にも負けない強さを表しています。もう30年ほど前の歌にはなりますが、自分を奮い立たせる術として、この歌を聴いたり、口ずさむ人も多いのではないでしょうか。

ただ、社会に出て10年もすると、自分がそんなに強い存在ではないことに気づかされます。

同期や後輩がどんどん出世しているのに、自分だけが評価されない、まわりの人はワイワイ楽しそうにしてるのに自分はどこへ行っても居場所がない…。最初のうちは「負けないぞ」と自分を鼓舞してがんばれたけど、しんどい状況が続くと次第に弱気になってしまい、いつしか涙ばかり流れるようになってしまいます。

私もこのようなしんどい状況が続くことがありましたが、そのわりには強くなれなかったし、ましてや花的な何かが咲くこともありませんでした。おそらく、同じ思いをしている人は多いと思います。

「努力が足りないだけ」

そう言われれば、そうかもしれません。もっと努力したら、強くなれたり、花咲くことがあるかもしれません。ただ、**努力って、それが報われるような環境でやらないと、あまり意味がないとも思っています。**

というのも、私自身が環境を変えただけで、人生がいい方向に進み始めたからです。

まず、仕事では、公務員から一般企業へ転職しました。すると、これまでの仕事では当たり前とされていた知識や経験を転職先では持っている人がおらず、活躍できる場面が多くなり、評価してもらえるようになりました。異世界に転生してチート能力で無双する主人公と言いすぎかもしれませんが、「自分の握りしめてた武器でも戦えるところがあるんだ」と感激しました。今までの努力が一気に花開く形になったんです。

住む場所も仕事や生活に便利なところに変えました。職場やスーパーマーケットが近くなると、移動の時間が削減されて、自分の時間が生まれます。自分の時間ができたおかげで、畑を借りていろんな野菜を育てたり、狩猟の免許を取ったり、ＳＮＳで自分のことを発信したり、たくさんの趣味ができました。これらの趣味を通じて新たな出会いが生まれ、会社と自宅以外にも自分の居場所ができました。

実は「アスファルトに咲く花」も同じだと思っています。個体としての強さだけで花が咲くわけではないんです。

アスファルトに咲く花は、アスファルトからニョキニョキ生えているわけではなく、その隙間から咲いています。ということは、まわりに他の植物がいないので、たくさんの日光を浴びることができますし、土のなかの水分や養分をたっぷり吸収することができるんです。

つまり、アスファルトに咲く花は、一見すると過酷な環境にいるように思えますが、花を咲かせるのにすごく適した環境にいるんです。

困難に負けないという気持ちは大切ですが、自分に合わない環境で踏まれてばかりいると、花を咲かせるどころか、しまいには枯れてしまいます。

困難に負けないことも強さですが、花を咲かすことができる場所に移ることもまた強さだと思います。植物にはできませんが、人にはそれができます。

強くなりましょう、アスファルトに咲く花のように。

自分の身を置く環境次第で、人生は良くも悪くも変わってくる

仕事をしてると、少なからず叱られたり、否定されたりするよね。ただ、仕事に依存しすぎると「職場での否定＝人生の否定」という思考に陥るおそれがあるよ。なので、没頭できる趣味、ときめく推し活など、自分が否定されない世界をいくつか持ったほうがいい。休日は「優しい世界」で過ごしてください。

2

自分が否定されない「優しい世界」の住民になろう

大人になると、どうしても仕事中心の生活になります。仕事は良いこともあるけど、叱られたり、否定されることも少なくないです。

仕事で叱られると、そのことをずっと引きずってなかなか立ち直れない人がいる一方で、何事もなかったかのようにすぐに立ち直る人もいます。この手の話は、メンタルの強弱の話になりがちです。

ただ、**これは持論ですが、メンタルは鍛えられません。**強くなりません。では、この2つのタイプの人の違いは何でしょうか。私は心の持ちようの違いだと思います。

自衛隊にいたとき、メンタルが超強いと言われる人たちと一緒に仕事をしたことがあります。とても厳しい状況のなか、偉い人たちに滅茶苦茶に叱られたり、否定されても、まるでノーダメージのように平然と自分の仕事を続けられるような人たちです。

その人たちにはある共通点がありました。それは、仕事以上に没頭している趣味や推しを持っていることです。例えば、終業のラッパが鳴ったとたん、外にマラソンに行って20㎞ほど走る人、ゴルゴ13みたいな顔で、スイーツにハマっている人、某アイドルグループの話になると、壊れた機械のように永遠にしゃべり続ける人など。普通の人にはちょっと理解できないくらいのレベルで趣味や推しなどに没頭していました。

当時は少し変わってるから厳しいことにも耐えられるのかなくらいに考えていましたが、今となってはその理由がよくわかります。それは「仕事に依存しすぎていない」ということです。**言い換えると、趣味や推し活など、自分があまり否定され**

ない「優しい世界」を持つことです。

特にこれといった趣味や推しなどがなく、休日も仕事の残りを片付けたり、仕事のために休むような過ごし方をしていると、頭の中はずっと仕事モードなので、仕事で嫌なことがあったときになかなかネガティブな気持ちから抜け出すことができません。少し大袈裟な言い方かもしれませんが、「職場での否定＝人生の否定」という思考に陥るおそれだってあると思います。

一方で、仕事以上の趣味や推しがある人たちは、仕事で多少嫌なことがあっても「まあ、いいか…家に帰ればマカロンが待ってるしな」という気持ちになるし、上司の説教が始まっても「乃木坂46の曲を脳内再生すれば余裕」となるわけです。休日にはマラソン大会に出場したり、推しのライブに行ったりして、ネガティブな気持ちを断ち切ることができます。

つまり、仕事でいくら否定されても、他に自分を肯定できるものがあるので、ダメージが分散されるんです。

このことは、仕事に限った話ではなく、家庭でも同じことが言えると思います。どんなに仲の良い家族でも、些細なことでケンカになることはあります。距離が近い人から怒られたり、否定されるときのダメージは想像以上に大きいものです。そんなときに、家庭以外に自分の居場所がないと、瞬く間に心身が疲弊してしまいます。

私が今、仕事をしながらも、限られた時間で畑で野菜を育てたり、御朱印巡りをしたりと、たくさんの趣味や推しを持っているのは、自衛隊で出会ったメンタルが超強いと言われる人たちを参考にしているからです。

彼らのように自分がなるべく否定されない「優しい世界」をいくつか持つようになったおかげで、仕事や家庭で嫌なことがあっても「まあ、いいか…そんなことよりナスに水をあげなきゃ」という具合に、すぐにネガティブな気持ちを断ち切れるようになりました。

人生は難易度高いです。

ひとつの世界で生きようとすると、そこで否定されたときに生きる場所と気力を失ってしまいます。なので、仕事や家庭だけでなく、趣味や推しなど、自分が否定されないような「優しい世界」をいくつか持ってください。

“ひとつのことに依存せず、心のよりどころをいくつか持っておく”

新しい環境に移った人は、早めに「心の緩衝地帯」を作ったほうがいいよ。
経験上、会社と自宅の往復だけだと、心が不安定になってしまう。
なので、おいしい小料理屋、ぼーっとできる公園など、
会社や自宅から少し離れたところに居場所を作ってください。
仕事とプライベートは「混ぜるな危険」だよ。

3 仕事とプライベートを分ける「心の緩衝地帯」が大事

みなさんは仕事が終わった後、どのように過ごしていますか？

平日はひたすら自宅と職場を往復する毎日という人も多いのではないでしょうか。働いた後は疲れているし、家に帰った後もごはんを作ったり、洗濯をしたりと慌ただしいので、一刻も早く帰りたい気持ちはわかります。

また、休日も「明日からの仕事に備えなきゃ…」と家に籠もりがちになっていませんか？　私の経験上、職場と自宅の往復を繰り返していると、心と体が少しずつ不安定になってくると考えています。その理由は2つあります。

1つ目は、仕事であった嫌なことを自宅まで引きずってしまうという理由です。

仕事のＰＣをシャットダウンしたら、自分の頭の中の「仕事モード」も解除されたらいいのですが、なかなかそうはいきません。

特に、仕事が思うように進まないときや、上司やお客さんに怒られたときなどは、そのことが頭の中をグルグル巡ってしまい、家にまで持ち帰ってしまいます。そうなると、ごはんもあまり食べたくないし、寝つきも悪くなります。場合によっては、ストレスによる暴言などで大切な人を傷つけてしまうかもしれません。この負のコンボが繰り返されると、心と体が休まることがなくなってしまいます。

２つ目は、仕事とプライベートの境界が曖昧だと、虚無の世界で生きてしまうおそれがあるからです。

もちろん、働くことが生きがいで、仕事で充実感を得られる人もいます。でも、ほとんどの人は仕事だけでは充実感を得られないのではないでしょうか。

ほとんどの人にとって仕事は生きるためのお金を稼ぐ手段であり、仕事で充実感を覚えることは難しいです。それなのに、ひたすら職場と自宅をグルグル回っていると、「何のために生きてるんだろ…」と虚しさを感じるようになり、何に対しても無気力になり、人との付き合いも億劫になってしまいます。

このような「心の不安定化」を防ぐためにも、職場と自宅の間に「心の緩衝地帯」を作ることをおすすめします。

緩衝地帯とは地政学用語のひとつです。対立する国や勢力が隣にいると、何かあったときにすぐに衝突してしまう可能性があります。また、隣にいることでずっと緊張した状態が続いてしまいます。そうならないように**地域の安定化を図るため、対立する国や勢力の間に設ける中立地帯のことを緩衝地帯と言います。**

私はこの緩衝地帯を自分の心の安全保障に応用してます。仕事であった嫌なことを家にまで持ち込んだり、人生に虚しさを感じてしまわないように、職場と自宅の間に緩衝地帯を作って、心の安定化を図っているのです。

具体的には、仕事帰りにふらっと寄ることができるお気に入りの小料理屋やいろんな本が置いてある大きめの本屋、空や海がよく見える公園などです。

お気に入りの小料理屋があると、おいしいお酒や肴、マスターとの会話で嫌なことを薄めることができるし、大きめの本屋で好きな漫画や趣味や旅行の本に囲まれていると、少し先の楽しみを作るきっかけができます。広々とした、空や海が望める公園でぼーっとしていると、少しくらいの心のモヤモヤがあっても「まぁ、いいか」という気持ちになれます。

仕事とプライベートは「混ぜるな危険」です。

心が不安定だと感じる人は緩衝地帯を作って、仕事とプライベートの衝突や緊張状態を和らげてください。それが持続的な心の安全保障環境を作るコツだと思いますよ。

仕事とプライベートの間には境界を。
気持ちをニュートラルにできる居場所が自分を守る

人生は選択の連続だよ。経験上、体調が悪いときや不機嫌なときの選択は、思考力が低下しているので、後悔する結果になることが多かった。よく食べて、よく眠って、よく遊ぶことこそ、最善の選択の土台となり、結果的に良い人生に繋がると思っています。

4 最適な判断は最高の思考環境から生まれる

どの服を着ていこうか、何時の電車に乗ろうか、どのタスクから始めようか、誰に相談しようか、今晩は何を食べようか…。

このように人生は選択の連続です。取るに足らない選択もありますが、なかには将来を形作るような大事な選択もあります。

ここぞというときに正しい選択をするためには、その選択を的確に判断するための知識や経験が必要になります。ただ、いくら知識や経験があったとしても、いつも良い判断ができるとは限りません。なぜなら、それらを最大限に発揮するためには「思考環境」を乱さないことが大事だからです。

「常に思考環境を整えよ」

これは私が自衛隊にいるときによく言われたことです。

自衛官はある程度の階級になると、指揮官として活動をします。任務を与えられてから任務を終えるまでの間、さまざまな指揮活動をしますが、なかでも重要なものが「状況判断」です。

状況判断とは、指揮官が任務を達成するために最も良い行動方針を決定することで、任務達成に影響するあらゆる要因を論理的に考える必要があります。状況判断を間違えると、任務を達成できなくなるどころか、大切な部下を危険な目に遭わせてしまいます。

なんだか少し難しい話になってしまいましたが、最初にお話ししたどの服を着るかとか、今晩は何を食べるかなども立派な状況判断です。

今日はお客さんと会うからスーツにしよう、明日は大事なプレゼンがあるからニンニクはやめておこうというように、自分の目的に影響のある要因を論理的に考えて、最も良い行動をとっていると思います。

さて、この状況判断の精度を上げるためには、先ほどからお話ししている思考環境を整えることが重要になってきます。

でも、あまり聞き慣れない言葉なので、何をしたら思考環境が整うかわかりませんよね。自衛隊でもカチッと決まった方法はないのですが、上司や先輩から教わった話や自衛隊生活で感じたことをまとめると、**思考環境を整えるためのポイントは「健康管理」「身辺整理」「身だしなみ」の3つだと思います。**

まず、健康管理についてですが、体調が悪いと思うように頭が働かないので、論理的に考えることが難しくなってしまいます。また、ストレスがたまっているときも同じです。なので、いつも健康管理に気を配ることが必要なんです。自衛官がよく運動して、よく食べて、よく眠るのはこのためです。

次に、身辺整理です。机の上が散らかっていたり、本や資料が雑然と置かれていると、そちらに気を取られて集中できなくなります。また、ものだけでなく、人間関係を整えておくことも大切です。自衛隊では、ことあるごとに家族を大切にするように言われます。家族に不安があると、任務に専念できなくなるからです。常に身のまわりの人やものを大切にすることは、純度の高い論理的思考を生み出します。

最後は、身だしなみです。身だしなみとは、人に不快感を与えないように服装や言動を整えることです。一緒に仕事をする人の服がヨレヨレだったり、髪がボサボサだったりすると、どうしても目に入るし、一度気になってしまうとなかなか集中できません。みんなの思考環境を乱さないためにも、自衛官はいつもビシッとした格好をしているんです。

以上のように、「健康管理」「身辺整理」「身だしなみ」がしっかりとできるようになったとき、最高の思考環境が整います。

思考環境が乱れているばっかりに、せっかくの知識や経験が生きないのはもったいないです。

思考環境を整えて、最善の選択ができることを願っています。

“健康でいること、整理整頓、身だしなみを整えることが最適な判断の助けになる”

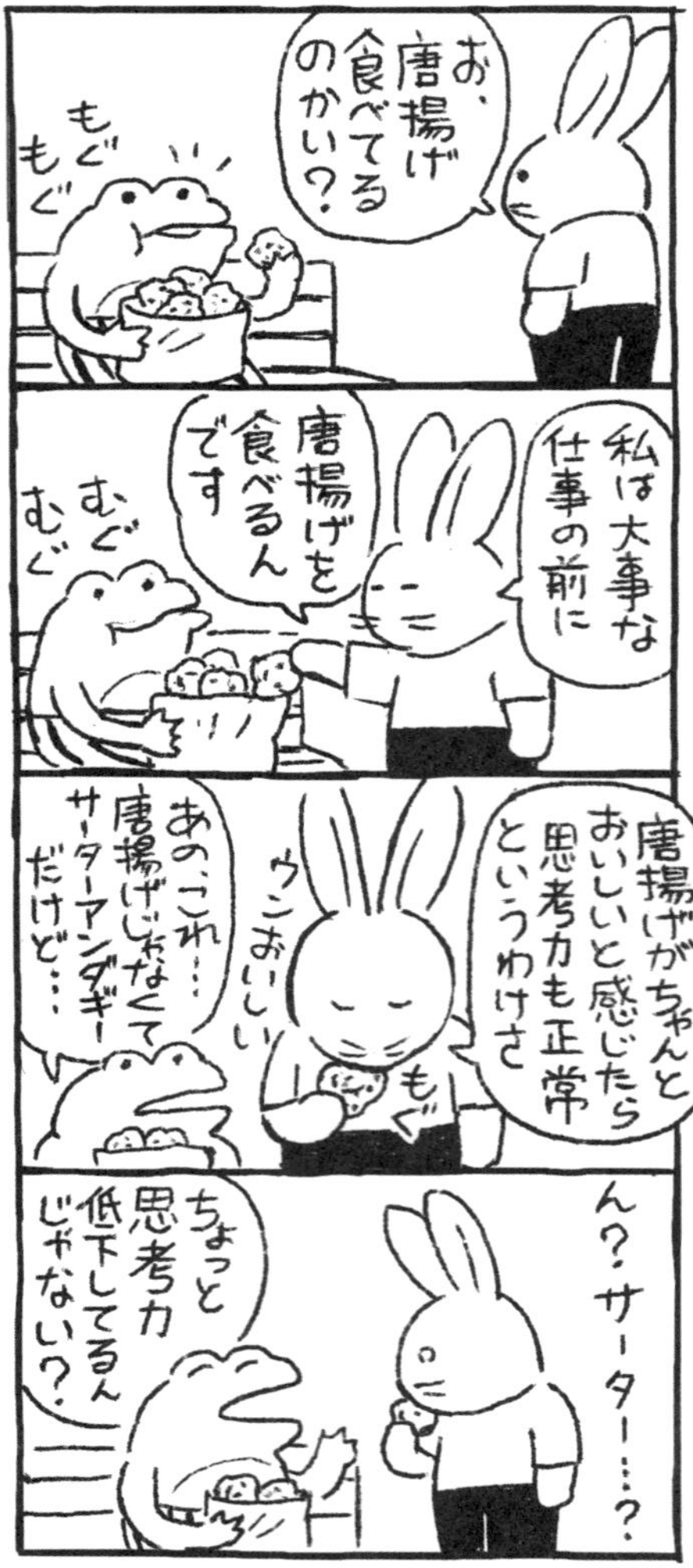

自衛隊にいたとき、大事な決断をする前に、いつも唐揚げを食べる先輩がいたんだ。
理由を聞くと「好きなものがマジで美味いなら、思考力は正常だろ？」とのこと。
逆に、好きなものがおいしくないときは、心身が弱っていて、
思考力が低下している証拠なんだって。わりと良い目安だと思っています。

5 「決断」の前は唐揚げを食べよう

生きているといろんな決断を迫られるシーンがあります。

「お昼ごはんは何を食べようかな」という日常的なものから、「どっちの企業に就職しようかな…」という人生の分かれ道的なものまで、大小さまざまな決断をしています。

お昼ごはんに何を食べるかという決断を間違っても、後の人生に大きな影響を及ぼすことは少ないけど、進学や就職、結婚などの大きな決断を誤ると、人生単位で引きずってしまうような後悔につながることもあります。

その決断が正しいかどうかなんて誰にもわからないことですが、誰もがまともな思考のもとに決断したいと考えるのではないでしょうか。

では、自分がまともな決断を下せる状態か否かは、どのように確認したらよいのでしょうか。

ごはんをしっかり食べているか、昨晩はよく眠れたか、無駄にイライラしていないかなど、人によっていろんな確認の方法があるとは思いますが、私は「決断の前に唐揚げを食べる」という方法を推します。

この方法は、私が陸上自衛隊の師団司令部に勤務していた頃にある先輩がやっていた方法です。

その先輩はとても優秀で、大きな仕事をいくつも任されていました。それにもかかわらず、いつも速く正確に決断して、次々と仕事をこなしていました。私はその先輩から仕事術を学びたくて、よく一緒に行動していました。

そんななか、先輩が大事な仕事をしているときは決まって唐揚げ定食を食べていることに気づきました。そのことについて聞いてみたところ「僕は唐揚げが大好きだからね。好きなものをマジで美味いと思えれば、そのときの思考力は正常だろ？逆に唐揚げが不味いと感じるなら、心身が弱っていて、思考力が低下している証拠だ」と言っていました。

これはシンプルなことだけど、とても大事なことだと思います。

人は疲れていたり、悩みがあったりすると、好きなものでも食べたいと思わなくなったり、食べてもおいしいと感じなくなることがあります。

経験上、それくらい心身が弱っているときにする決断は、論理性に欠けているし、感情的なものになりがちで、あまり良くない結果になることが多かったです。

なので、**大好きなものを食べたいか、それをおいしく感じられるかを確認することは、自分の状態を把握するための良い目安になると思っています。**

私もこの方法を取り入れてから決断に迷うことが少なくなったし、後悔することもほとんどなくなりました。お昼ごはんに社食とか定食屋に行って、迷うことなく自分の食べたいものを選べるときは「異常なし」のサインだと思って、仕事をどんどん進めていきます。

逆に大好きなメニューがあるにもかかわらず、それを選ぶことに戸惑いを感じたり、「何を食べていいかわからない…」という状態のときは、思考力が低下しているサインだと考え、休憩中に昼寝したり、いつもより早めに帰るなどして、なるべく休むようにしています。

「決断の前に唐揚げを食べる」という方法は、食事の際に意識しておけば、簡単に取り入れられる方法です。別に唐揚げじゃなくて、カフェラテとかラーメンでもいいです。ただ、高級なものだと、値段が理由で食べたくないと感じるかもしれないので、なるべく気軽に食べられるものがいいと思います。やってみてください。

ちなみに、その先輩は唐揚げを不味いと感じたことはないそうです。

いつも唐揚げが美味いと言えるコンディションを整えておくことこそ、生きていくうえでいちばん大切なことかもしれませんね。

**“「好物がおいしく食べられるか？」を
心身の状態を測るバロメーターに”**

難易度高めのこの世界で生き残るために「どう戦うか」は大事だけど、「どう回復するか」はもっと大事だよ。人生は消耗と回復のシーソーゲーム。消耗に偏りすぎる環境にいると生き残れないよ。

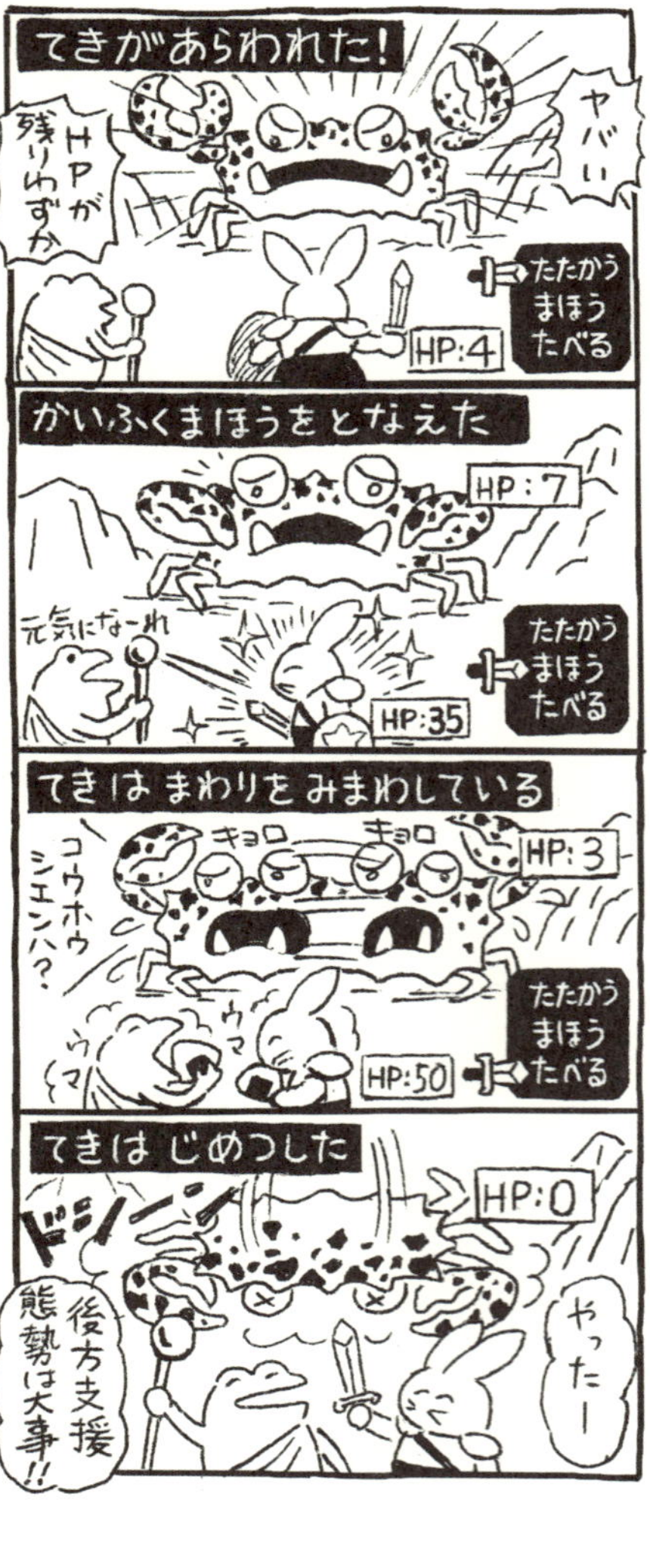

6 戦う前に「後方支援態勢」を確立せよ

人生は戦いの連続です。なるべく戦わずに平和に過ごしたいものですが、社会で生きている以上、仕事での競争だけでなく、人間関係のやりとり、くだらない小競り合いに巻き込まれてしまいます。普通に生きていても、戦わないといけないシーンって意外と多いです。

でも、これらすべてに全力を出していると、心身がもちません。ドラクエなどのRPG（ロールプレイングゲーム）と同じく、すべて「たたかう」のコマンドを選択してクリアできるほど、人生は甘くないです。

昔、自衛隊の学校で「兵站《へいたん》の限界が戦いの限界」と教わったことがあります。兵站という言葉はあまり聞き慣れない言葉かもしれませんが、辞書によると「軍隊の戦闘力を維持し、作戦を支援するために、戦闘部隊の後方にあって、人員・兵器・食糧などの整備・補給・修理や、後方連絡線の確保などにあたる機能」です。ざっくり言うと「戦う力を回復したり、戦いを支援する機能」で、「後方支援」とも言われます。つまり、「戦う力を回復したり、戦いを支援する機能」を超えるような戦いはできないし、後方支援が整わない環境で戦ってはいけないんです。

けれども、**「どう戦うか」はよく考えられる一方で、「どう回復するか」といった後方支援は軽く見られがちです。**過去を振り返ってみると、後方支援をおろそかにしたせいで負けてしまった戦いは多いです。第二次世界大戦におけるスターリングラードのドイツ軍やインパールの日本軍は、相手との戦いに敗れたのではなく、後方支援を軽く見た結果、物資の不足によって自滅したとも言われています。

人生における戦いも同じような感じだと思います。まず考えるべきは戦い方ではなく、それを支える後方支援なんです。

軍隊であれば、戦いに必要な人員・兵器・食糧などの整備や補給、修理となりますが、人であれば、行動に必要な体力とメンタルの回復になると思います。なので、この体力とメンタルの回復が計画的かつ継続的にできる態勢を整えることが必要なんです。

では、どのように後方支援態勢を整えていくのか。

まずは毎日の回復の源となる「ごはん」「お風呂」「睡眠」の快適な環境を作ることです。もっと具体的に言うと、それぞれにしっかりと課金することです。

ごはんであれば、おいしいごはんが炊ける炊飯器を買ったり、明太子などのごはんが進むようなおかずを常備しておく。お風呂であれば、ランタンなどの照明にこだわってみたり、いろんなバスソルトを用意してみる。睡眠であれば、極上のマットレスや枕で寝床を作る。

お金はかかりますが、確実に効果は上がります。それにお金をかけることで、「ちゃんと活用しないと…」という意識も芽生えます。「ごはん」「お風呂」「睡眠」の快適な環境を作ることができれば、毎日の回復は大丈夫です。

ただ、**ときには大ダメージを受けることがあります。**

そんなときのために、特別な後方支援態勢も用意しておいてください。

私の場合ですと、疲れきって何も考えたくないときに利用する十津川村（奈良県）の温泉宿、人目を気にせず号泣できる地元の廃寺などがそれに当たります。

あとは良さげな心療内科をあらかじめ見つけておくといいです。

お世話になったことがある人はわかると思いますが、心療内科は「医者ガチャ」的なところもあります。メンタルがしんどいときに自分に合わない先生に診てもらうと、逆効果になることもあります。なので、評判などを確認したりして、いざというときに迷わないようにしておいたほうがいいです。

長い人生、大なり小なり「もう戦えないよ…」ってなるときが必ず来ます。

そうならないためにも、そして、そうなってしまったときのためにも「どう回復するか」という後方支援態勢は整えておいてください。

しっかり回復できる環境を整えてから、戦いに挑む

chapter

3

なんとなく楽になる働き方の原則

第3章は、仕事がなんとなく楽になる働き方のお話です。
仕事ってしんどいですよね。
ひとつの仕事を終わらせても、次から次へと降ってくるうえ、
クリアするたびに難易度は上がっていきます。
まるで終わりのないテトリスみたいですが、
体力の消耗やストレスはテトリスの比じゃありません。
すべての仕事にまともにぶつかっていたら、人生が仕事で埋もれてしまいます。
なので、仕事は「がんばらない」をがんばったほうがいいと思います。
ちょっと何言ってるかわからないですよね。
まずはこの章を読んでみて、
「なんとなく楽になる働き方」がわかってもらえるとうれしいです。

会社にいる人たちは、みんなデキる人に見えるけど、
ほとんどの人はデキる風を演じている劇団「社会人」だよ。
なので、あまり気負わず、肩の力を抜いて、自分のペースでいきましょう。

1

みんな劇団「社会人」、とりあえず肩の力を抜こう

働き方のお話をする前にまずは肩の力を抜くお話です。

会社にいる人たちって、自分よりデキる人たちばかりに見えませんか？

特に普段はあまり接することのない他部署の人とかのプレゼンを見たり、ミーティングをすると、なんとなくその人がデキる人に見えて、気後れすることがあります。

でも、ほとんどの場合はただの勘違いだと思います。

高校入試や大学入試のことを思い出してみてください。

試験前に参考書を開いて勉強する人ばかりで、みんな賢そうに見えたはずです。

でも、実際に入学してみると、自分とそんなに変わらない人ばかりだったのではないでしょうか。

結局、自分を含めてほとんどの人が、入試のときに「受験生」を演じていただけなんです。それが試験会場という舞台の独特の雰囲気に呑まれて、自分より賢そうに見えただけだと思います。

会社にいる人たちにも同じことが言えると思っています。

デキる人に見える人のほとんどは、会社という舞台で「社会人」を演じているだけです。

ただ、高校や大学では、入試が終わると劇団「受験生」は解散して「中の人」を知ることができます。一方で、劇団「社会人」は基本的に解散することはないので、仲良くならない限りは「中の人」を知ることはできません。

なので、会社にいる人たちはデキる人に見え続けてしまうんです。

そもそも、同じ会社にいるということは、同じような筆記試験や面接をクリアした者同士です。業務の向き不向きはあるかもしれませんが、基本的な能力差はそんなにないです。あるのは、会社という舞台でいかに仕事をデキる風に演じきれるかどうかです。

なので、まわりと比べて自分を卑下してはダメです。

かくいう私も会社では劇団「社会人」の一員として演じています。

でも、私のSNSを見てくれている方はご存知のように、何か必死に勉強をしたり、意識高い活動をしているわけでもなく、休日は畑を耕しながら過ごし、明るいうちに風呂に入って、ビールを飲みながら「お仕事、つらい…」的な発信をするような生活を送っています。

たぶん、みなさんのまわりにいるデキるっぽい人たちもこんな感じだと思います。

だから、まずは気負わず、肩の力を抜いてください。劇団の「中の人」はみんなそんなに変わりません。

そして、会社では本当の自分と折り合いをつけて、「社会人」を演じてみてください。

それで上手くいったときは自分を褒めて、失敗したときは「演じている社会人が怒られただけで、本体の自分はノーダメージ」くらいの感覚でいきましょう。

会社で生き残るためには、このくらいのユル賢さが必要です。

次項からなんとなく楽になる働き方のお話ですが、これらは私が実践している劇団「社会人」の演技指導だと思って読んでいただけますと幸いです。

みんな「デキる社会人」を演じているだけ。
まずは気後れせずに肩の力を抜こう

仕事がしんどい理由は、出口が全く見えずに真っ暗ななかを進んでいくことだよ。
だから、仕事を始める前に全体を見渡してみるといい。
すると、ぼんやりと出口までの道のりが見えるし、
手を抜いてもいいところや手伝ってくれそうな人もわかってくる。
仕事は始める前の俯瞰《ふかん》が大事だと思っています。

2 まずは落ち着いて全体を見渡すことが大事

仕事をスムーズに進めたいのであれば、大切なのはすぐに仕事に取り掛かるのではなく、まずはコーヒーを飲むことです。

とは言っても、コーヒーを飲むことが解決法ではありません。**まずはコーヒーでも飲みながら、落ち着いて全体を見渡すことが大事ですよという話です。**

「そんなコーヒー飲んでる時間なんてないよ…」と思いますよね。なぜなら、私もそう思っていたからです。「やることがたくさんあって、1分も無駄にできない！」と、いきなり仕事に取り掛かっていた時期がありました。

でも、いきなり仕事に取り掛かる前に全体を見渡すことで、次の3つのメリットを得ることができるんです。

まず、手を抜いてもいいところがわかることです。

仕事がしんどい理由のひとつが、ずっと全力で働くことです。しかし、全体を見渡して「自分は何をすべきか」がわかったら、本気を出さないといけないところがわかります。逆を言うと、手を抜いても構わないところが見えてきます。

手を抜いてもいいところがわかると、早く帰って自分の好きなことができるし、他の人の仕事を手伝ってあげることもできます。

次に、人に頼んだほうがいいところが見えることです。

全体を見渡すと「この業務は営業の仕事では…」とか「確かこの分野が得意な人がいたはず…」とあらかじめわかるようになります。他の部署や人も、いきなり仕事を振られると嫌な感じを受けますが、前もって余裕のあるタイミングで話をもっていくと、わりとＯＫしてくれるものです。また、先にお話ししたように他の人の仕事を手伝っていれば、こちらからも頼みやすくなります。

はじめの段階で人に頼んでおけると、自分がやる仕事が減って気が楽になります。

最後は、仕事の出口が見えることです。

仕事がしんどいと思う最大の理由は、出口が全く見えずに、真っ暗ななかを進んでいくことだと思います。なので、最初の段階で全体を見渡して、ある程度「何を」「いつまでに」「どうやって」やるかを明らかにします。

出口とそこまでの道のりがぼんやりとでも見えていれば、転んでしまうことも少なくなるし、出口までがんばってみようかなという気になれます。

以上のように、仕事に取り掛かる前に全体を見渡すことのメリットをお話ししましたが、これは私がオリジナルで考えたことではありません。自衛隊が作戦を立てるときに最初に実施する「任務分析」を応用しているだけです。

応用なので本来の任務分析とは少し異なりますが、まず自分のポジションから「①組織（上司）の考えていることの理解」「②その仕事における自分の役割を明確化」「③その仕事に影響のありそうなことの把握」の3つを行います。そして、これら3つを踏まえ、「何を」「いつまでに」「どうやって」やるかを明らかにしていきます。

この任務分析をするときに、先ほどのメリットを得ることができます。自分の役割を明らかにすることで、力を入れなくてもいいところがわかります。仕事に影響のありそうな部署や人をピックアップすることで、人に頼んだほうがいいところが見えてきます。

そして、「何を」「いつまでに」「どうやって」やるかが大体わかれば、何も見えていないときよりも精神的に楽になれます。

これらを上司に確認してＯＫをもらっておけば、さらに安心できるし、間違っていても最初の段階で修正できるので、無駄な仕事をしなくて済みます。

私は「まずは全体を見渡す習慣」を身につけてから、大きな仕事になっても、スムーズに進むようになりました。

最初は時間がもったいないと思うかもしれませんが、仕事という作戦を開始する前にはとても大事なことだと思います。

一杯のコーヒーと全体を見渡す15分くらいの時間が、後の数時間、数十時間分の価値と精神的な余裕を生み出しますよ。

“仕事に手を付ける前に、状況を俯瞰して楽する作戦を考える”

自衛隊にいたとき、大きな仕事も難なくこなす上司がいたんだ。
そのコツを聞くと「仕事はな、キングスライムみたいなものだ」と言っていた。
見た目は難しそうに見えるけど、ほとんどはスライムレベルの作業の集合体で、
分解して潰していけば難しいことではないとのこと。
今も心に留めている仕事の極意です。

3 仕事は〝スライムの集合体〟、細かく分けてみよう

さて、コーヒーを一杯飲んで仕事の全体を見渡したら、手を抜いてもいいところ、人に頼んだほうがいいところ、そして、仕事の出口が大体見えてきて、「何を」「いつまでに」「どうやって」やるかがわかってくると思います。

でも、それでもわからなくなるときがあります。なぜなら、仕事って、どんどん難しくなってくるから。これまでやったことのない新たな作業や大きな案件を任されるようになるのが仕事の常です。

そんなときは仕事をできる限り細かくしてみるといいです。より細かく細断できるシュレッダーにかけてしまえば、誰も修復できないので、その仕事をこの世から消すことができますが…と冗談はさておき、何を言いたいかというと、仕事をなる

べく小さな作業単位に仕分けていきましょうという話です。

どんなに大きな仕事や新しい仕事でも、基本的には小さな作業の集合体です。大きな仕事のままだと「できるかな…」と不安になるけど、**小さな作業単位に分けてしまうと、意外に「あっ、これ前の仕事でやったことある！」という作業が見えてくるので、難易度がぐんと下がります。**

仕事をなるべく小さな作業単位に仕分けるメリットはこれだけではありません。まず、**仕事を小さく分けると、人に頼みやすくなります。**大きな仕事のままだと、相手も何をしたらいいかわからないし、負担も大きいので、いい返事をしにくいです。でも、具体的な作業にして頼むと、相手にもわかりやすいので、いい返事をもらいやすくなります。

次に進捗管理をしやすくなるというメリットもあります。

前の項でもお話しした通り、仕事でしんどいのは、出口が全く見えずに真っ暗ななかを進んでいくことです。でも、ひとつひとつの作業に仕分けることができれば、仕事の期限から逆算して、それぞれの作業の時間を決めることができます。また、そうすることで、仕事が進むにつれて「あと何%だな」という出口が見えてくるので、どんどん楽になっていきます。

最後は小さな作業単位に分けられていると、仕事に区切りをつけやすくなるところがいいです。ひとつの作業が終わると「ちょっと休憩しようかな」とか「今日はここまでにしておこう」という具合に、**オンとオフのメリハリがしっかりして、体力とメンタルの無駄な消耗を抑えることができます。**

大きな仕事は小さな作業の集合体という考え方と仕事を作業単位に分けるという方法は、初めて大規模な災害派遣に参加したときに学びました。

当時は師団司令部に勤務していたものの、まだヒヨッコの2等陸尉で大きな仕事や新しい仕事をしたことがなく、初めての災害派遣の仕事にかなり戸惑っていました。

そんな私を見て、当時の上司が「仕事はな、ドラクエのキングスライムみたいなものだ。見た目は手強そうに見えるが、大体はただのスライムレベルの作業の集合体だ。分解して潰していけば、なんてことねぇよ」と教えてくれたのがきっかけです。

それ以来、大きな仕事や新しい仕事にエンカウントしたときは、小さな作業単位に分けるようにしています。自衛隊から転職して、市役所や外資系企業でもなんとか働けているのも、この考え方のおかげだと思っています。

どんな仕事も分解したらスライムの集合体。

「難しそうだな…」と思う仕事に遭遇したら、とりあえず細かく分けてみてください。

スライムレベルまで仕事の難易度を下げてくれるかもしれませんよ。

“小さな作業単位に仕分けて、仕事の難易度を下げる”

戦術で至高の戦い方は「突破」ではなく「迂回」だよ。
突破のほうがガチンコで戦ってなんとなくカッコいい感じがするけど、
戦いって一度きりではないからね。
だから、消耗を最小限に抑えて目標を達成する迂回のほうが優れているんだ。
これは人生においても同じことだと思っています。

4 仕事は突破よりまず迂回を狙う

仕事を小さな作業単位で分けることができたら、あとは基本的に各個撃破していくだけです。それでも、私のように「そのひとつひとつの作業を突破していくのが面倒くさい…」という人はいると思います。ここでは仕事を攻めていくための方式についてお話しします。

結論から言うと、ひとつひとつの仕事を「突破」していく必要はないです。

たまに、キングコングみたいに目の前に立ち塞がるすべての仕事を突破していく猛者もいますが、彼らは体力・攻撃力ともに常人離れしているので真似するのは危険です。

それより、普通の人が考えたほうがいいのは、まず「迂回」です。

突破について、インターネットで調べてみると「障害となるものを激しい勢いで押し込んで破ること」と出てきます。激しい勢いで押し込むということは、こちらもそれ相応の力を消耗することが考えられます。

迂回について調べてみると「回り道をすること」と出てきます。回り道と聞くと時間がかかるようなネガティブなイメージがありますが、障害となるものとぶつかることはないので、力を使うことはほとんどありません。

戦術においても、まずは迂回ができるかどうかを考えます。突破を考えるのは最後です。ここでがっつりと戦術の話をすると長くなってしまうし、言いたいことから離れてしまうので、一般的な言葉で説明します（戦術に詳しい方には、相手の態勢や撃滅の観点が抜けているので物足りないかもしれません…）。

戦略シミュレーションゲームをする人はわかるとは思いますが、**戦いではただ敵を撃破することだけでなく、いかに自分の損害を最小限に抑えるかが大事です。**なぜなら、ひとつの戦いで終わることはなく、次の戦いに備えなければならないからです。

そう考えると、敵とまともにぶつかり合う「突破」から考えるのは、あまり得策ではなく、敵とまともにぶつからずに目標を達成する「迂回」を追求するほうがいいことがわかります。

これは仕事においても同じだと思います。

ひとつの仕事で終わることはなく、「テトリス」のようにほぼ無限に仕事は降ってきます。しかし、どんなに簡単な作業でも、まともに取り組み続けると、体力とメンタルは削られる一方です。なので、健やかに働き続けるためには、なるべく自分の体力とメンタルの消耗を抑えることが重要なので、まずは「迂回」を考えたほうがいいんです。

では、仕事における迂回ってどんな方法があるでしょうか。

例えば、ある仕事を振られた場合、いきなり取り掛かるのではなく、過去に似たような仕事がなかったかを調べます。もしそのような仕事があったなら、過去の担当者から資料をもらって変えるべきところを変えるだけで、ある程度は形になります。

また、ある企画を通す場合、直属の上司から順に上がっていくのがセオリーですが、もっと上の上司と話す機会があれば、雑談ベースで話をしてみるのもいいでしょう。上手くインプットできたら、その後の調整や承認がスムーズになります。

そのほかにも、日頃から部署の人と情報交換をしていると、困ったときに味方になってくれたり、自分に直接関係のなかった情報がいつか役に立つかもしれません。「迂回」という考え方を頭に入れておくだけで、いろんな楽な攻め方を思いつくようになると思います。

経験上、真面目な人ほど「突破」ばかりを考えて、徐々に疲弊していきます。

なので、戦術のセオリーどおり、まずは「迂回」を考えるようにしてください。

仕事で上手に迂回ができるようになると、疲弊するリスクを減らすことができますよ。

消耗を最小限に抑えることを最優先に。
正面突破ではない回り道にヒントが隠れているかも

人生における戦いをコントロールするためには「予備」を持つことが一番だと思う。

あらかじめ備えているモノや時間などがあれば、
想定外のことが起こったとしても対応できるし、
不安や圧力に悩まされることも少なくなるんだ。
予備を持つのは大変だけど、それだけの価値はあると思っています。

5 予備で戦いをコントロールしよう

「仕事の全体を見渡すこと」「仕事を細かく分けること」「まずは迂回を考えること」の3つが習慣化できると、仕事の段取りが上手になり、働くことがだいぶ楽になると思います。

しかし、いくら段取りが上手くできても、上司の方針転換や急な仕事の追加など、何かしらの波乱が巻き起こるのが仕事というもの。そして、思いどおりに進まなくて余裕がなくなると、ミスが多くなったり、ツメが甘くなったり、急激にパフォーマンスが落ちてしまいます。

では、仕事で余裕を持つためにはどうしたらいいのでしょうか。

いろんな方法があるとは思いますが、私がおすすめするのは、時間の余裕を持つことです。そのために、あらかじめ時間の配分を決めておくといいです。「それってスケジュール管理と同じだよね？」と思うかもしれませんが、ちょっと違うんです。**時間を「仕事に充てる時間」と「予備の時間」に分けておいたほうがいい**ということです。

具体的には、1日8時間働くとすれば、7時間30分を仕事に充てる時間、残りの30分を予備という具合にあらかじめ配分して、その7時間30分で今ある仕事のスケジュールを組みます。30分を予備として確保するのが難しいのであれば、10分とか20分でもいいから自由に動ける時間を設けます。その時間の分だけ余裕が生まれ、仕事をコントロールしやすくなります。

実はこの考え方も戦術からヒントを得ています。戦術では計画を立てるとき、戦闘力を配分します。それぞれの役割に部隊を割り振っていくイメージです。その役割のひとつとして、必ず存在するのが「予備」なんです。

一般的に**予備と言うと、なんとなく余りものみたいなイメージがありますが、戦**

術的には重要な意義を持っています。それは「戦いをコントロールする手段」です。

予備としてそれなりの部隊が配分されていると、味方が苦戦したら応援にも行けますし、予期せぬところから敵が現れても対処することができます。逆に予備がないと、味方が苦戦しても、予期せぬところから敵が現れても、自由に動かせる部隊がないので、何もできずにただ祈るだけになってしまいます。

ここまで読んだらなんとなくわかっていただけたかと思いますが、仕事も似たようなものではないでしょうか。仕事では戦闘力といういかついものはありませんが(たまに戦闘力高めの人はいますが…)、戦闘力を時間に置き換えるとしっくりくると思います。つまり、仕事では予備の時間こそ、仕事をコントロールする重要な手段になるんです。

とはいうものの、なかなか予備の時間を確保するって難しいですよね。

自分の仕事のやり方を理解してもらってないのに、毎日のスケジュールに「予備」と書いていると、まわりから「この人、時間を持て余しているのかな」と思われて、余計な仕事を振られかねません。

なので、私は少しズルい気もしますが、「資料作成」や「【TBD】ミーティング」など、それっぽい架空の予定を混ぜながら予備の時間を確保しています。そして、急な仕事が入ったときや助けを必要としている人がいるときは、予定を書き換えて予備の時間を投入して対処します。何もないときは、残務処理などをして定時で退社します。

業務内容やさまざまな状況から、「予備時間を作るために仕事を減らせないよ…」という人もいると思います。そんな人も、細かい時間に区切って仕事をしたり、苦手な仕事をそれが得意な人にお願いしたりすると（逆に自分の得意と相手の苦手を交換することで）、時間を上手く使いこなせるかもしれません。

働いているなかに予備の時間を作り出すのは難しいことだとは思います。
でも、仕事においても予備は戦いをコントロールする手段です。
少しでもいいから、予備の時間を確保して、仕事を有利に進めてくださいね。

仕事においては、時間も戦闘力のひとつ。「予備の時間」を確保して仕事を上手く回す

最近、よく耳にする「がんばらなくていい」という言葉。
半分は正解だけど、半分は間違っていると思う。がんばらないといけないときに
下手に守りに入ったら、もっとがんばらないといけないような
しんどい状況に追い込まれるのがこの世の常。
「がんばらなくていい」はがんばっているときに聞きましょう。

6 がんばらないためにも、仕事は攻めよ

ここまでで働き方についてはなんとなくわかっていただけたかと思います。最後は仕事の心構えのお話です。働き方の魂を注入したいと思います。

何が言いたいかというと、仕事は攻めたほうが楽だということです。

SNSで私のことをフォローしてくれている方は、私がいつも省エネ的な働き方をしているのをご存知だと思います。実際に、これまで話した効率的な働き方で、自分の時間を確保しているのは事実です。ただ、企業に属しながらここまで自由にしていられるのは、効率的な働き方だけでなく、常に「攻める」という心構えによるところも大きいと思います。

「別に仕事をがんばりたいわけではないし…」と思うかもしれません。逆です。が

んばりたくないからといって守りに入ってしまうと、かえって自由を失い、がんばらざるを得ない状況に追い込まれます。**逆説的に感じるかもしれませんが、仕事をがんばらないためには攻めの一択です。**

ちょっと伝わりにくい内容だと思うので説明しますね。

戦術の基礎を学んでいたとき、「攻撃」と「防御」には本質的にそれぞれ特性があると教わりました。そのとき、攻撃と防御の考え方は、生き方や働き方にも通じるなと印象に残りました。教わったことを要点だけ述べると次のとおりです。

まず、攻撃は「自由に動ける」という特性を持ち、自分の期待する成果を得やすいと言われます。一方で、防御は「事前の準備などで劣っているところをカバーする」という特性があるものの、受け身になりやすく自由を失いやすいと言われています。また、防御だけで目標を達成することは難しく、どこかのタイミングで攻撃に転じる必要があります。

言葉だけではなかなか伝わりにくいですが、サッカーやラグビーなどのスポーツをイメージしてみるとわかりやすいかもしれません。ボールを持って攻めている側は自由に動くことができる一方で、守っている側は基本的に攻めている側に合わせる必要があります。

つまり、**守りに入ってしまうと、ボールを奪って攻めに転じるまで、ずっと相手に振り回されて無駄に消耗してしまうのです。**

序章でもお話ししましたが、私は過酷な残業と強烈なパワハラによってメンタルが壊れたことがあります。一番の原因は、そのときの上司にあると思っています。でも、あのとき、下手に守りに入らなかったら、どこかのタイミングで攻めに転じていたら、無理な仕事を振られることもなかったし、パワハラを受けることもなかったのではと思うことがあります。

なので、そのときの教訓を生かし、今は「攻める」という心構えで働いています。なんか意識高いことを言っていますが、デキる人たちがビジネス書に書くような高尚なことではないです。

自分の仕事をまわりから催促されると、期限や完成度を相手に合わせる必要が出てくるので、**「言われる前にやっておく」**。5分で終わる仕事を後回しにすると、覚えておくことに無駄な労力がかかるし、忘れるリスクもあるので、**「すぐできることは今やる」**。面倒くさいことを放っておくともっと面倒くさいことに成長するので、**「面倒くさいことほど先に潰す」**など。

要は自分が楽をするために、後でしんどくならないようにするんです。特別な知識や経験はいらない、心構えひとつでできる働き方です。

この「攻める」という心構えのおかげで、体力やメンタルを無駄に削られることは少なくなり、仕事がしんどいと思うことも少なくなりました。

仕事って、結局はやらないといけないことなんです。

なので、**「がんばらざるを得ない状況」に追い込まれる前にやっつけておくことこそ、がんばらずに働く方法だと思います。**

がんばらないためにも仕事は攻めたほうがいいですよ。

他人に振り回されずに働くには「攻め」の心構えが重要

chapter

4

しんどくならない人付き合いの基本基礎

第4章は、無理のない人付き合いをするためのお話です。
人の悩みのほとんどが人間関係だと言われています。
でも、言い換えると、人間関係を少しでも楽にできれば、
悩みもかなり減るということです。
無理のない人付き合いをするためには、まずは無駄に敵を作らないこと、
味方か敵かわからないときや心の侵入許容限界を越えたときの対応など、
自分の安全保障の基本基礎を決めておくことだと思います。
一方で、どのような人と付き合っていくか、そして、
どのように付き合っていくかといったことも決めておいたほうがいいです。
人間関係は相対的なものなので、絶対的な解決策はありません。
ただ、私の「しんどくならない人付き合い」が、
みなさんがより良い人間関係を結ぶヒントになったらうれしいです。

正義の反対がすべて悪だと思わないほうがいいよ。
自分が信じる正しさに反する人をみんな「敵」とみなしてしまうからね。
ほとんどの場合、人にはそれぞれの「正しさ」がある…こう思うことで、
おのずと人生の敵は少なくなります。

1 無駄に敵を作っているのは、自分だけの正義かもしれない

最近、人間関係を複雑にしている要素のひとつが「正義」だと思うようになりました。

正義を辞書で調べてみると「正しい道理、人間行為の正しさ」と定義されています。一見すると、しっかりと定義されているように思いますが、正しいとか正しさって、結構曖昧なものだと思います。

法律や政策など、いわゆる普遍的な価値観に基づく正しさは、わりとしっかりしていてあまり疑う余地はないと思います。でも、**普段の生活では、正しいかどうかを自分の価値観や信念に基づいて判断することが多い**です。

例えば、唐揚げのレモンの話。

ある人は「唐揚げにレモンをかけるのが正しい」と考えています。レモンの酸味が唐揚げの油っぽさを和らげ、風味を引き立てると信じて疑わないから、彼らにとっては真っ先に大皿の唐揚げにレモンをかけるのが正義なんです。

一方で、「唐揚げにはレモンをかけないのが正しい」と考える人もいます。彼らにとっては、唐揚げ本来の味を楽しむのに、レモンの酸味など悪の存在でしかないのです。


わかりやすいように唐揚げのレモンに例えてみましたが、普段の生活やSNS上で見られる人間関係のトラブルも似たようなものばかりだと思います。

そこに絶対的な正しさは存在しないのに、「自分が正しくて相手は正しくない」と思うから、相手に対して否定的な感情が生まれ、人間関係がややこしくなってしまうんです。

また、司馬遼太郎さんの「人間は自分は絶対に正しいと思い込んだ時に最も残酷な事をする」という言葉のとおり、「自分が正義で相手が悪」と断じてしまうから、トラブルが果てしなくエスカレートするんです。

では、どうしたらよいか。

まずは「自分が正しい！」と思うことがあったら、先ほどの唐揚げのレモンの話を思い出してください。**自分だけでなく、相手にも正しさがあるのではないかを考えるん**です。

そこで「自分は正しい、相手も正しい」と思えたら、無駄な対立はなくなります。他者の意見や立場を尊重することで、「それぞれの小皿に唐揚げを取ってから好きに食べればいい」的な考え方も生まれます。

人付き合いでは、自分の正しさだけに固執すると孤立します。

孤立してしまうと、どこぞの国のようにまわりを威嚇《いかく》したり、脅威を与えることでしか、自分の存在感を示すことができなくなってしまいます。

ほとんどの場合、人それぞれに正しさがあると思うことで余計な「敵」が少なくなり、より平和で協力的な人生を築くことができると思っています。

“人には人の「正義」がある。相手の意見や立場を尊重することで関係が円滑に”

脳は初めて会った人を0.02秒という速さで「危険かどうか」判断するんだって。

判断材料は過去に出会った危険な人たちの特徴との照合。

なので、初対面の「あ、苦手かも…」という感覚はわりと当たっているんだ。

違和感を覚えたときは、相手との距離感に注意したほうがいいと思います。

2

初対面の感覚が事故を防ぐカギ

初対面のときって、相手のことをまだ全然知らないはずなのに「仲良くなれそうだな」「ちょっと苦手かも…」など、なぜかいろんな感覚が芽生えますよね。そして、不思議なことにその直感は大体当たっていませんか？

もちろん、最初はあまり興味がなかった人でも、どんどん仲良くなっていったり、あるいは逆に、仲良くなれそうな感じがしたのに、そうでもなかったということもあります。でも、体感では7〜8割くらいは初対面の印象どおりで、特に「あ、苦手かも…」という負の感覚は、後にその伏線を回収してくることが多いと思います。

そもそも、初めて会う人なのに、なぜ相手を評価できるのでしょうか。

とある精神科の先生に聞いてみたら、その理由は脳の仕組みにありました。脳には扁桃体という部分があって、そこが0・02秒という速さで安全か危険かを判断すると言われています。そして、その安全か危険かという判断は、過去の経験が基準となるそうです。

つまり、初対面での感覚は、瞬間的に今まで出会ったたくさんの人たちのデータと照合することで生まれます。「仲良くなれそうだな」という感覚は、相手の見た目や話し方、仕草などから、過去に友達になった人たちと似たようなタイプで、安全と判断したことになります。逆に「ちょっと苦手かも…」という感覚は、過去の経験から危険と判断したことになります。

自分の過去を振り返ってみても、仲良くなった人は同じようなタイプだし、逆に苦手な人も似たような感じの人が多かったです。そして、トラブルに発展した人ほど、初めて会ったときに妙な違和感がありました。トラブった後になって、「最初から嫌な予感はしてたんだよなぁ」と思うことが多かったです。

ただ、この仕組みを知る前までは、初対面での印象は気のせいだと思っていたし、その印象が当たっているのは偶然だと思っていました。けれども、気のせいではなく、ある程度は信頼できるものと知ってからは、人間関係を築いていくうえで参考にしています。

とは言っても、初対面での感覚だけで受け入れるか排除するかを決めるというわけではありません。そんなことをしてしまうと、せっかくの出会いを台無しにするおそれもあります。**初めて会ったときの感覚を、どのような距離感で付き合っていくかを考える材料にするんです。**

人間関係では、相手と「合うor合わない」によって、それぞれ適度な距離感があります。

そして、人間関係での事故は、合わないのに無理して距離を詰めてしまって起こることが多いです。

なので、相手に違和感を覚えるとき、まず十分な距離をとることが、人間関係で安全運転をしていくコツだと思います。

「初対面のときの感覚」から人付き合いにおける適正距離を探る

人間関係はおもしろいよ。
何年も一緒に働いた人でも、離れた瞬間に関係が途切れてしまうことって多い。
一方で、2~3か月だけ一緒に仕事した人が、何年経っても、
ずっと良い関係でいられることもある。たぶん、一緒にいた時間の長さより
「生きる方向」が同じということが大事だと思っています。

3 人間関係は向かう方向が大事

私にはよく一緒にお酒を飲む自衛隊のときの上司と後輩がいます。7年前に同じ部署で働いていたのですが、3人で共に働いていたのは3か月弱という短い期間です。にもかかわらず、いまだに定期的に連絡を取り合って、良い関係が続いています。

何年も一緒に働いた人もたくさんいるのですが、今では関係が途切れてしまった人のほうが多いです。

普通に考えたら、長い時間を共に過ごした人のほうが深い関係を築けると思いがちですが、そうとも言えないところが人間関係のおもしろいところだと思います。

では、良い人間関係を築くうえで大事なことって何になるのでしょうか。

これは私の持論ですが、**「生きる方向」が同じであることが大事だと思っています。**

よく「共通の趣味がある」とか「好きなものが似ている」など、共通点があると良い関係に発展しやすいと言われます。確かにそのとおりで、私の友人も私と共通点がある人が多いです。でも、共通点があるからといって、絶対に仲良くなれるわけではありません。逆に共通点があるという理由だけで付き合うと、途中で「何か違う…」という違和感を覚えて気まずい関係になってしまうこともあります。この深い仲になる人とそうならない人の違いこそ、「生きる方向」という根幹の部分だと思います。

私が自衛隊にいたとき、上田篤盛さんから「関連樹木法」という分析手法を学びました。詳しいことは上田さんの著書『戦略的インテリジェンス入門』に説明されているのですが、この分析手法は国家や組織の企図や方向性などを捉えるために使われたりします。

ざっくりと説明すると、**目に見えている事象は、ただの葉っぱにすぎず、本当に理解しなければならないところは、その事象を「何のためにしているか」という企図や方向性に当たるのが幹や根の部分なんです。**葉っぱだけに囚われていると、本当に大事なことを見失ってしまいます。

私はこの関連樹木法の考え方が人間関係を捉えるうえでも大切だと思っています。つまり「共通の趣味がある」とか「好きなものが似ている」などの目に見える共通点なんてただの葉っぱで、そんなに重要なことではないんです。**「何のためにしているか」という企図や方向性、いわゆる「生きる方向」を見ることのほうが大事なんです。**

では、相手の「生きる方向」を見るためには、どうしたらいいのでしょうか。

本やインターネットで人間関係の本を読んでいると、相手を理解するためにはその人と真剣に向き合う姿勢が大切と書いてあります。私も相手と向き合う姿勢はとても大切だと思います。ただ、相手と向き合うだけでは「生きる方向」ってなかなか見えてきません。向き合うという姿勢は自分の立ち位置から相手を見てしまうからです。

なので、**自分の立ち位置から相手を見るのではなく、相手の隣に立って「何を見ているのか」を共有することがより大事**なのかなと思います。第1章の「幸せは自分の庭で育てる」話を思い出してみてください。今度は相手の庭にお邪魔して、遠くにどんな風景を眺めているかを一緒に見るイメージです。

今、目の前にあることだけでなく、その先に何を見ているかをお互いに知ることです。

最初に紹介した2人とは仕事の話だけでなく、よく将来の話をしたものです。そして、なんとなく彼らの「生きる方向」に共感と尊敬が持てたので、今もなお美味い酒が飲めるんだと思います。

「生きる方向」を同じくする人は、ただ良い関係を築けるだけでなく、人生を良い方向へ導いてくれます。

一緒の方向へ歩いていけそうな人を見つけたら、大切にしてくださいね。

人間関係は一緒に過ごす時間の長さや共通点ではなく
「生きる方向」を共有できるかどうかで決まる

自分が疲れているときは、他人に優しくなれないよ。
なので、まずは自分に超優しくしたほうがいい。
ゆっくりお風呂に入る、唐揚げとかおいしいものを食べる、推し活に没頭する、
早めに寝るなど。そしたら、翌朝には自然と優しくなれるよ。
他人への優しさは、自分への優しさの「おすそ分け」ですよ。

4

他人への優しさは、自分への優しさのおすそ分け

ほとんどの人は、小さい頃から「人に優しく」と教わります。そして、真面目な人ほどその教えを忠実に守りながら大人になっていきます。

「人に優しく」という教え自体はとても素晴らしいことなんですが、自分がしんどい状況でも他人に優しく振る舞おうとする人がいます。ただ、自分がしんどいときって心から優しくできないし、「自分はこんなに優しくしているのに他の人は…」という具合にまわりに見返りを求めたりします。そして、そんな自分に気づくと自己嫌悪に陥ってしまいます。

でも、安心してください。

自分が疲れているときは、他人に優しくなれないのが普通だし、無理して優しさ

を振る舞ってしまうと、その分の対価を求めてしまうものです。

たまに自分がどんなにしんどい状況にいても、他人に対して無償の優しさを与え続けられる人もいますが、そんな人はよほどの修行を積んだ聖人だと思ったほうがいいです。たぶん、普通に生きていたら、しんどいときにも他人に優しくするなんて無理な話です。

これは私の2つの経験から悟ったことです。

ひとつは自衛隊にいたときの話です。普段は優しい人が過酷な状況の訓練で豹変してしまう場面に何度か遭遇したことがありました。過酷な状況とは、暑いときや寒いとき、おなかがすいたとき、寝てないとき、疲れているときなど。このような余裕のない状況に陥ると、ほとんどの人は他人への優しさが消えてしまいます。

もうひとつは自分自身のことです。

自分で言うのも何ですが、私は真面目な人間だったので、「人に優しく」という教えを忠実に守ってきました。パワハラと残業で自分に余裕が全くないときでも、なんとか優しい人であろうと、他の人の仕事を手伝ったり、仕事やプライベートで落ち込んでいる人の悩みを聞いたりしていました。でも、まわりから優しくされないことがあると、心の中で「優しさを返せ…」と地獄の餓鬼のように見返りを求めていました。

結局、常人は自分に余裕があるときにしか、人に優しくできないんです。

例えるなら、余裕のコップのようなものがあって、それが溢れんばかりのときは、どんな人でも優しくなれるんだと思います。コップに入りきらないものは人に分け与えても、気にならないからです。

一方で、余裕のコップが満たされていないときは、減った分がとても気になってしまいます。そんなときに無理して分け与えると、減った分を早めに返してほしいと思うものです。


なので、まずは自分を満たしてあげることが大事なんだと思います。

疲れているときは自分に超優しくするんです。

ゆっくりとお風呂に入る、唐揚げとかおいしいものを食べる、趣味や推し活に没頭する、早めにお布団に入るなど。

自分に目いっぱい優しくしたら、余裕もできてきます。そうしたら、自然と優しくなれるものです。


「人に優しく」という教えは間違っていないです。

ただ、その「人」には自分も含まれているんです。

自分に優しくして、溢れそうな分を人に「おすそ分け」する。

これが無理のない優しさだと思いますよ。

自分も含めて、「人」に優しくする姿勢が大切

人間関係では「一線を越えたら撃ちますよ」の気概が大事。
まともでない人ほど、人の心に土足で踏み込んでくるよ。
初動できっちり撃退しましょう。

5 一線を越えたら撃つ

優しさの次は厳しさの話です。

もうご存知だとは思いますが、人間社会は「優しい世界」ではないです。一見すると、人間社会は秩序が保たれており、自然界のような「弱肉強食」の世界ではないように見えますが、メンタル面では自然界と同じくらい厳しい世界で、下手するとあっという間に心が食い殺されてしまうこともあると思っています。

というのも、世の中には「自分より弱い」と感じたら攻撃してくるモンスターのような人や、人の優しさを食い物にするようなまともでない人が少なからずいるからです。ハラスメントをする輩は大体この類いです。

ただ、真面目な人ほど、「感情的になったら負け」だと思って、そんな人にもまともに接して、彼らに心を蹂躙《じゅうりん》されてしまいます。

では、どうしたらいいでしょうか。

それは「一線を越えたら撃ちますよ」という気概を持って、人の心に土足で踏み込んできたら、きっちりと撃退する能力を示すことです。

これは防衛省が毎年刊行している「防衛白書」に書いてある「防衛力」と同じで、自分の安全保障を確保するための最終的な担保なんです。

そのためには、まずは自分の心の中の「一線」をしっかりと決めておきましょう。何でもかんでも「撃つ」という姿勢では、冗談が全く通じない人と思われてしまうので、許容できる限界を決めておきます。

私の場合は、自分の大切なもの（趣味や友人、家族など）を否定するような言葉や行動に対しては容赦なく反撃するようにしています。そのような言葉や行動があった場合は、真顔で「笑えないですね」と警告して、「それ以上は入ってくるなよ」

感を出しています。

ただ、それも撃退する能力が伴わないと、なかなか通じません。だからと言って、軍隊のように自動小銃や手榴弾を持つわけにはいきません。

なので、私は筋肉と知識を持つことにしています。具体的には、筋トレをして抑止力としての身体を整えつつ、仕事や生活で役立つような基礎的な法律などを学んでいます。

健康的な肉体と法律の知識をチラつかせることで、先ほどの「笑えないですね」の効果が格段に上がります。筋トレや勉強は面倒ですが、個人でできるいちばん実効性の高い方法だと思っています。

そして、相手が自分の心に土足で入ってきて、心の侵入許容限界に達したなら、(法に触れない範囲で) 思いっきり感情的になっていいと思います。感情は生まれつき備わっているものです。無闇に振り回すのは良くないけど、ここぞというときに今の自分を感情で表すのはごく自然なことです。

経験上、攻撃してくる人って「自分は攻撃されない」と勘違いしている人が多いです。なので、最初にしっかりと逆襲することで第2撃の発生確率がぐんと下がります。攻撃性の高い人は、防御力が弱いのが世の常だと思います。

生きていると一度や二度くらい「まともでない人」とエンカウントしてしまいます。

自分の安全保障を図るためには、優しさだけでなく「防衛力」も大事です。

まともでない人の心への侵入を許してはいけませんよ。

攻撃には防御ではなく反撃を。攻撃的な人ほど防御が弱い

「どうでもいい話ができる人」はマジで大切にしたほうがいい。
中身のある話って誰でも聞いてくれるけど、
中身のない話はお互いのことを理解し合っていないと長続きしないからね。
どうでもいい話をしたくなる人こそ、
実は「どうでもよくない存在」だと思っています。

6 どうでもいい話ができる人を大切にしよう

社会に出てから、20年ほど経ちました。その間にいろんなことを学んできました。仕事で必要なことだけでなく、社会の厳しさを身をもって感じてきたことで、人との上手な付き合い方や日々を穏やかに過ごす術など、生きていくうえで大切なことも身につけてきたと思います。

今回はそのなかのひとつ、「どうでもいい話ができる人」の尊さについてのお話です。

当たり前のことですが、仕事をしてると報告や連絡、会議など、「中身のある話」ばかりになります。例えば、「何時にお客さんが来る」とか「今月の成果はどうだった」「今後の部署の方針はこうしよう」といった内容です。このような仕事の話は、お互いの仕事の役割や業務内容を知っておけば、相手のことをあまりよく知らなくても、話すことができるし、聞いてもらえます。

自分が聞く側の立場でも同じです。なぜなら、これらは仕事を進めるうえで必要なことであり、**自分という人間ではなく、仕事に関する話自体に価値があるからです。**結局のところ、別に話しているのが自分でなくてもいいんです。会社でたくさん仕事の話をした日に、仕事の達成度に反して、なんとなく「虚無感」を覚える人はこれが原因だと思っています。

一方で、親しい友人との話はどうでしょうか。たまに休日のカフェとかに行くと、何時間もおしゃべりしている人たちを見かけます。その話の内容を聞いてると、結構どうでもいい話ばかりです（失礼）。でも、そういう人たちに限って、本当に楽しそうにしています。

かくいう私も、仕事で疲れたときは、昔からの友人とオンラインでまったりできるゲームをやりながら、何時間も話をすることがあります。「最近どう？」から始まり、「あいつ、会社やめるってよ」「将来は無人島で養蜂しながら暮らしたいな」など、何の生産性もない、いわゆる「中身のない話」をしています。たまに直接会って話すときもこんな感じです。ただ、終始どうでもいい話ばかりしていても、別れた後はいつも楽しかったなぁと思えるし、ふんわりとした充実感を覚えます。

中身のない話をしているのに、なぜか充実感を覚えるちょっと不思議な現象。

これは持論ですが、仕事などの中身のある話とは逆で、**話自体に価値があるのではなく、お互いの存在に価値を置いている**からだと思います。お互いの価値観や考え方、背景を理解し合っていて、この人なら受け入れてくれるという信頼感や安心感があるから、どうでもいいことでも話したくなるし、中身のない話でも心地よく感じるんです。

逆にあまりよく知らない人に、どうでもいい話を長々とされるとどうでしょうか。みなさんも経験があるかもしれませんが、マジで苦痛ですし、時間が経つのも遅いし、話が終わった後にどっと疲れてしまいます。

つまり、どうでもいい話って、誰にでもできるものではなく、お互いに良き理解者同士じゃないと成り立たないんです。

中学生や高校生のときは、通学や学校の休み時間、放課後など、中身がなくてもいい時間がたくさんありました。そのなかで、勉強以外の話をしたり、遊んだり、ときにはケンカもして、お互いの価値観や考え方、背景を自然と理解していって、どうでもいい話ができる人が増えていったと思います。

でも、仕事をするようになると、くだらない話ができる人が希少になり、中身がなくてもいい時間が少なくなります。仕事だけでなく、プライベートでも時間に何かしらの価値を求めるようになるので、どうでもいい話ができる関係を一から築き上げるのは難しくなります。

なので、どうでもいい話ができる人がいるなら、その人を大切にしたほうがいいです。

どうでもいい話ができる人って、実はどうでもよくない存在なんですよ。

**“お互いの「存在」に価値を置ける関係は
長く大切にしたほうがいい”**

chapter

5

人生で最後まで付き合う自分を大切に

第5章は、「自分を大切にする方法」のお話です。
幸せは、受け取る側の状態で大きく変わると思います。
どんなにおいしいアイスクリームでも、
おなかが痛いときにもらったら、あまり幸せな気分になれません。
なので、疲れたら休む、傷ついたら癒やすという基本的なルーティンをこなして
心も身体も健やかな状態に整えておくことが大切です。
でも、人生は「ターン制」ではないので、
疲れていても傷ついていても待ってはくれません。
気づいたときには、すでに身も心もボロボロ、なんてことも否定できません。
そうならないためにも、この章から自分を大切にする重要性と
その方法をご理解いただければと思います。

人生で一番長く付き合うのは「自分」だよ。
だから、ちゃんとメンテして正常な状態を維持しよう。
寒いときは暖かくする、自分を傷付けてくる人からは離れる、
夜になったらぐっすり寝る、など。
いつ幸せが来ても、十分に楽しめるようにしてください。

1 最後まで付き合うのは自分

人生で一番長く付き合うのは誰だと思いますか？
親や夫、妻、子ども、あるいは親友など、いろんな人が浮かんでくると思いますが、**生まれた瞬間から最後のそのときまでずっと付き合う人がいます。それは「自分」です。**

当たり前のことすぎて、拍子抜けしたかもしれません。
望もうが望むまいが、人はすべからく人生という長い道のりを「自分」に乗って進んでいきます。見た目とか能力とか、満足できないところはあるかもしれないけど、途中で乗り換えることはできない、かけがえのない存在です。

では、もうひとつ質問です。

そんな人生の最後まで付き合っていく「自分」、ちゃんと大切に扱っていますか？

一番大事にしないといけない存在なのに、大切に扱えていない人も多いのではないでしょうか。おそらく、ほとんどの人ができていないのではないかと思います。なぜなら、この煩わしいことばかりの世の中で、最も簡単に削りやすいのが「自分」だからです。

例えば、仕事がとても忙しくて、どうしても時間が足りない状況を考えてみてください。この状況から脱するために、上司に相談するとか、同僚に手伝ってもらうという選択肢があるにもかかわらず、お昼ごはんを食べずに働いたり、睡眠時間を削って夜遅くまで残業するなど、自分を犠牲にする選択をする人が多いと思います。

人間関係でも同じようなことが言えると思います。自分のことを悪く言ってくる人がいても、その場の雰囲気を壊さないために、自分を押し殺して愛想笑いで片付けてしまう人が多いのではないでしょうか。

確かにあれこれ考えたり、行動したりするより、我慢したほうが早いし簡単です。また、一時的な仕事や人間関係なら、自分を削る選択もありだと思います。

ただ、**そんなことばかり繰り返していると、少しずつ苦痛に鈍感になって、気づいたときには心身ともにボロボロになってしまいます。**そうなってしまうと、せっかく幸せが訪れても、全く楽しめない心と身体になります。

私はSNSでよく「ゆっくりとお風呂に入ろう」「しっかりとごはんを食べよう」「ぐっすり寝よう」「疲れたらしっかり休もう」「傷付けてくる人からは離れよう」ということを発信しているのは、以上のことが理由です。

「小学生レベルの発信だな」「それができるなら苦労しない」などと思うかもしれません。かくいう私も自分ができていなかった頃は同じように反発していました。

です。

でも、この小学生レベルのことをおろそかにしていると、人生を楽しめなくなるんです。

幸せって、受け取る側の状態が重要です。

穴の開いた器に水を注いでも一向に満たされないのと同じように、身体のどこかが悪かったり心が病んでいると、どんなに良いことがあっても幸せを感じることはできません。

他人にとやかく言われるのは鬱陶しいかもしれませんが、この本を読んでくださっている方に、過去の私と同じようなひたすらに苦しい思いはしてほしくないと切に願っています。

最後まで付き合うのは自分だということを忘れないでください。

最後まで自分を丁寧に扱うことが健やかな人生の基本

人生のほとんどは回復と消耗のシーソーゲームだよ。
消耗が回復を上回るようになったら心身が壊れやすくなるんだ。
なので、大事な仕事以外はなるべく省エネで、
休みのときは思いっきりご自愛する。

「回復V消耗」を維持することこそ、最良のメンテナンスだと思いますよ。

2 なるべく週単位で「回復＞消耗」を守ろう

人生の最後まで付き合うのは自分であり、そんな自分をちゃんと大切にする、自分を簡単に削ってはいけないという話をしました。

では、そのためにはどのようにしたらよいか。答えはとてもシンプルで、**体力とメンタルの消耗量が回復量を超えないように過ごすこと**です。

ほとんどの人にとっての人生とは、毎日を仕事や家事に明け暮れ、ある程度の経験値やお金が貯まったら、大きな仕事や昇進、転職などの機会が巡ってきたり、あるいは旅行や結婚、マイホーム購入などのイベントを起こしたりするものだと思います。人生の大半は、ＲＰＧのレベル上げやお金稼ぎみたいなものなんです。

ドラクエなどのＲＰＧをしたことがある人はわかると思いますが、レベル上げやお金稼ぎは、拠点の近くでグルグル歩き回り、出会ったモンスターを倒すという作業を繰り返します。そして、体力が尽きる前に拠点に戻り、眠るなどして全回復して、再びモンスターを狩りに行きます。このように、私たちはＲＰＧのレベル上げやお金稼ぎとほぼ同じようなことをして過ごしているわけです。

ただ、人生とＲＰＧでは異なるところもあります。そのひとつが、ＲＰＧのように「寝たら全回復」というわけにはいかないところです。

あまり疲れていないときって、お風呂に入って、ごはんを食べて、よく寝たら、次の日まで疲れは残りません。でも、仕事や家事などが忙しくてものすごく疲れたときは、同じように入浴、食事、睡眠をとっても、次の日にも疲れが残ってしまいます。これはそれぞれの回復量には限度があるからです。

なので、なるべく体力とメンタルの消耗量が回復量を超えないように過ごすことが大事なんです。ただ、こんなことを言うと「毎日を回復∨消耗で過ごすなんて無理だよ…」と思うでしょう。私も無理だと思います。

仕事や家事はずっと同じではなく、忙しかったり、ときには怒られたりして、大ダメージを受けることもあります。1日単位で消耗量と回復量の収支を調整するのは難しいので、1週間単位で決算するように考えたほうが現実的です。

1週間単位で「回復∨消耗」を過ごすためには、自分の状態と「何をしたらどれくらい回復するか」を把握することが大切です。

入浴、食事、睡眠でどのくらいの体力やメンタルが回復するか、特に一番疲れが取れる睡眠時間はどのくらいなのかを知ったほうがいいです。私の場合は7時間がベストなので、22時30分には布団に入り、5時45分に起きる生活をしています（眠りに落ちるまで15分ほどかかるため）。

そして、休日にできる回復方法も押さえておくといいです。体力の回復ならスーパー銭湯やマッサージ、昼寝、メンタルの回復なら趣味や推し活、散策といった具合に、自分に合う回復方法を決めておいて、自分の状態に合う方法をセレクトします。それでも回復が追いつきそうにもないときは、後述する「おうち入院」という奥義を使います。

人生のほとんどは、回復と消耗のシーソーゲームです。

そして、回復＜消耗の期間が長くなればなるほど、心身が壊れやすくなってしまいます。

回復＞消耗の期間をできるだけ長くすることこそ、自分の最良のメンテナンスだと思いますよ。

1週間単位で回復と消耗のバランスを調整。
自分にとっての回復方法の把握が大事

疲労回復で重要なのは「何もしないこと」だよ。

だから、疲れてるときは「おうち入院」がおすすめ。

これは入院生活を自宅で再現するもので、激しい運動や遠出は絶対しない、ゲームなどをしてても22時には消灯するなど、身体への負担を排除する。

たまには「おうち入院」で完全回復しよう。

3 おうち入院で完全回復

どんなに「回復∨消耗」の生活を心がけていても、毎日が平穏な日ばかりではないです。仕事や家事で忙しい日々が続いたり、風邪をひいたりして体調を崩すと、体力やメンタルを最大値まで回復できずに、弱っている状態が続くことがあります。

心身ともに弱っているときって、なんだかイライラしてしまうし、何をしても億劫に感じてしまいます。

また、そんなときに仕事で大きな失敗をしたり、大切な人とケンカするなどの大ダメージを受けると、一撃で沈んでしまうおそれもあります。

そうならないためにも、ときには疲労回復だけに全集中して、体力とメンタルを最大値まで回復しておくことが重要です。疲労回復の方法には、いろいろありますが、個人的にいちばん効果があると思っているのは「おうち入院」です。

このおうち入院は、陸上自衛隊初の心理教官で現在も心理カウンセラーとして活躍されている下園壮太さんから教えていただきました。

おうち入院とは、ざっくり言うと入院生活を自宅などで再現することです。基本的には、とにかく休む。何かをするにしても、入院しているときに許可が出るようなことだけ。具体的には、激しい運動や遠出は控えて、読書やゲーム、音楽を聴くなどしてゆっくり過ごし、22時には消灯するといった具合に、身体と心への負担を排除します。

私も本当に疲れているときは、おうち入院をするんですが、なるべく3日間は「入院期間」をとるようにしています。というのも、初日は嫌な記憶を思い出してしまうし、最終日は次の日のこと（仕事や家事など）を考えてしまうからです。でも、3日間の入院期間なら、真ん中の日は比較的ゆっくり休むことができます。

そして、**おうち入院中はスマホはオフにしていたほうがいい**です。疲れがたまっていると、自分には関係のない情報でも、イライラしたり、凹んだりすることがあります。特にＳＮＳは受け取る人の状態によって「毒」になりやすいので見ないようにしたほうがいいです。

また、家族がいる人などは「自宅でそんなにゆっくりできないよ…」と思うかもしれません。私も家族と一緒に住んでいるので、その気持ちはよくわかります。

私がおうち入院をするときは、家族と相談して実家に帰ってもらい、空間と時間を確保しています（逆に誰かが疲れているときは自分が外出してゆっくり休める空間や時間を提供してください）。あるいは、お金に余裕があるときは、ビジネスホテルや温泉旅館でおうち入院をしています。

最近は、おうち入院が広く知られるようになり、いろんな人が実際にやってみて、ＳＮＳやブログなどで発信しています。それぞれ自分の特性に合わせてアレンジしており、なかにはとても参考になる内容もあるので、自分に合ったおうち入院を探してみるのもいいかもしれません。

身体や心が疲れている状態で人生を続けると、ベストなパフォーマンスを出せないどころか、自分が壊れてしまうリスクを高めてしまいますよ。

たまにはおうち入院で完全回復してくださいね。

いざとなったら「何もしない時間」を過ごす
おうち入院で完全回復

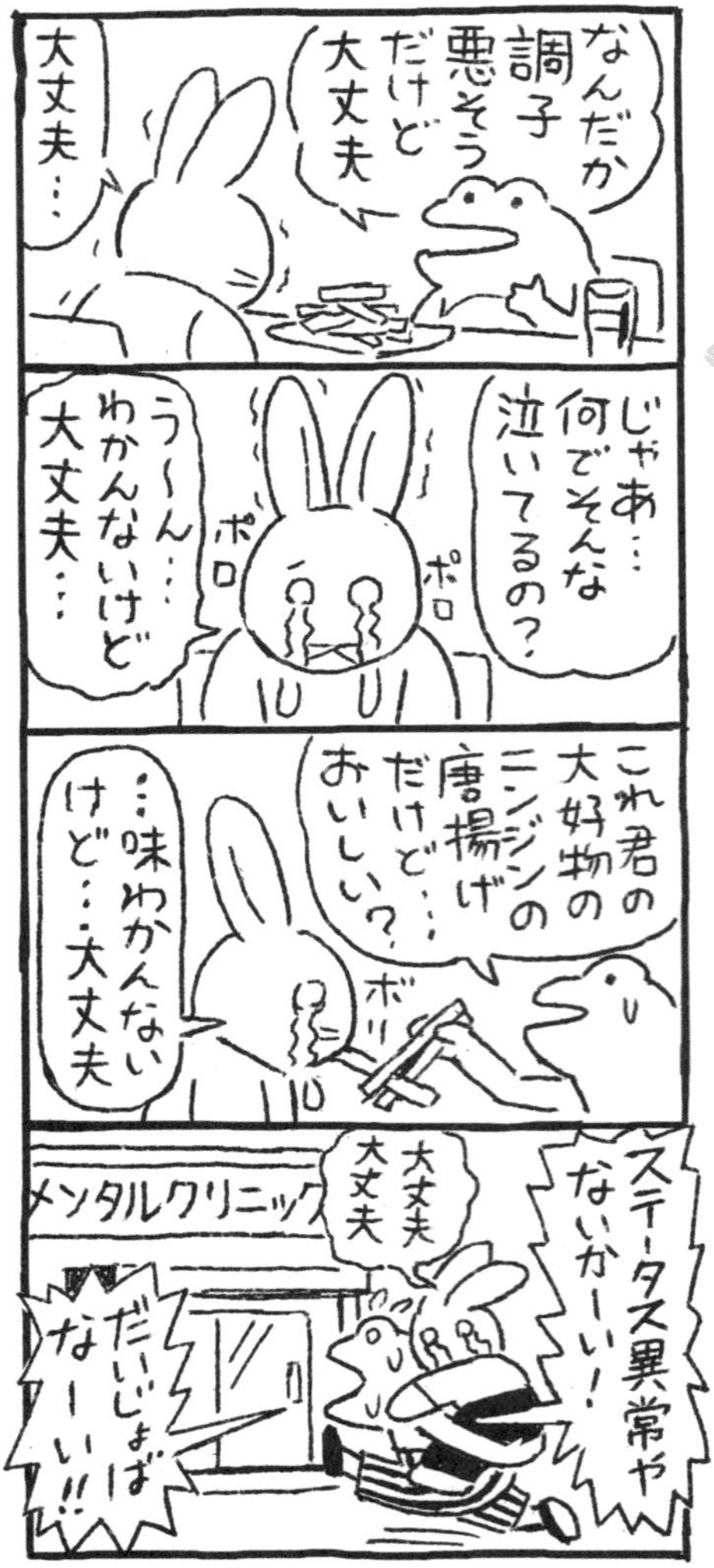

「ごはんがおいしくない」「休日に動けない」「夜なのに全然寝られない」「嫌な記憶がグルグル巡る」「なぜか涙が出てくる」「死ぬという選択肢がある」。これらは全部ステータス異常だからね。経験上、放っておくと本当に危ないです。無理せず、ゆっくり休むか、お医者さんに診てもらってください。

4 「それができれば苦労はしない」と言う方へ

体力やメンタルの回復方法について発信すると「それができれば苦労はしない」的な反応が一定数あります。全くもってそのとおりだと思います。すでにメンタルが壊れている、あるいは壊れかけている人は、回復方法を封じられるからです。「回復＜消耗」の日々が続いて体力やメンタルが大きく低下したり、仕事での大きな失敗や大切な人との別れなどでメンタルに大ダメージを受けると、いつもできていた「なんでもないこと」ができなくなってしまうことがあります。それを「まだ大丈夫…」と自分に言い聞かせて無理をすると危険です。

私も経験があるのですが、「ごはんがおいしくない」「休日に動けない」「夜なのに全然眠れない」などは、メンタルが壊れかけのときに表れる症状です。ごはんがおいしいと感じられないと、食べる量が減ってしまって必要な体力を回復することができません。休日に動けないと、趣味や推し活から遠のいてしまってメンタルをリフレッシュすることができません。夜に眠れなくなると、体力とメンタルの両方の回復ができなくなります。このように、日々の通常回復ができなくなるのです。

これらを放っておくと、「嫌な記憶がグルグル巡る」「なぜか涙が出てくる」という具合に、回復方法が封じられるどころか逆に自分自身でメンタルをガリガリ削ってしまう状態に陥ります。結果、行動の選択肢から「たたかう」「にげる」がなくなり、しまいには「しぬ」という選択肢が出てきます。これらの状態がRPGで言うところの「毒」「麻痺」「混乱」などに似ていることから、私は「ステータス異常」と言っています。

残念ながら**「それができれば苦労はしない」的な反応をする人は、もはやステータス異常に陥っている**んだと思います。ただ、この状態のままだと本当に危ないです。というのも、私自身、一度「死ぬという選択」をしたことがあるからです。正しくは「選択」というよりは「自動移行」に近い感じだったので、止まらないです。

そして、ステータス異常を起こしてしまったら、自分で治すのはなかなか難しいと思います。メンタルに関する本やインターネット、ＳＮＳの発信などを参考にしても、気休めにはなるかもしれませんが、基本的には解消されることはありません。

それよりも、良いお医者さんにしっかり診てもらって、無理せずに休んだほうがいいと思います。

「まだ大丈夫…」と自分に言い聞かせている時点で無理をしている証拠ですよ。

“上手く休めないときは、心のステータス異常かも”

一度メンタル壊したけど、完治していないと思っている。
でも、再発しないように「小さな達成感」を得られる生活を心掛けているよ。
朝のお参り、社食のヘルシーランチ、週末の筋トレなど。
一度崩れたものは丁寧に積み直すしかない。
それがゆくゆくは自分を守ってくれる「最強の防護壁」になると信じて。

5 小さな達成感は回復機能付きの最強の防護壁

メンタルの安定だけでなく、「バフ効果」も得られる回復術があります。それは「小さな達成感」を積んでいくことです。ゲームをする人はご存知だと思いますが、バフとはキャラクターの攻撃力や防御力などの能力を強化することです。

小さな達成感を積むことで、メンタルの安定だけでなく、防護力の向上という効果を得ることができると思っています。

まずメンタルの安定についてですが、こちらはいわゆるメンタル本の定番のネタなので、すでにご存知の方も多いと思います。

仕事が上手くいく、掃除して部屋がキレイになるなど、何かを成し遂げたときって、とてもいい気分になりますよね。人は目標を立て、それを達成したとき、脳内にドーパミンと呼ばれる快楽物質が分泌されて幸せな気持ちになります。

ただ、月単位や年単位の大きな目標を立てると、なかなか達成できませんし、途中で挫折してしまうこともあります。したがって、**できるだけ数日レベルで達成できる小さな目標に分けてクリアしていくほうがいい**です。そうすることで、いつもドーパミンが分泌されて「幸せな気持ち」を維持できるし、やる気も出るので継続することができます。

次に防護力の向上についてです。メンタルの防護力の向上は、何かこれといった根拠があるわけではありません。私の経験上の話になります。

私が陸上自衛隊幹部候補生学校にいたときの話です。当時、教官で陸上自衛隊のレンジャーや空挺などほぼすべての徽章《きしょう》を持つ伝説的な教官がいました。普段はとても厳しい教官でしたが、お酒の席ではわりと気さくに話してくれる人でした。

ある飲み会の席で「どうしたら教官のように強いメンタルになれますか？」と尋

ねたことがあります。すると、教官は「俺のメンタルは強くない。むしろ弱い。だから、心の前に土のうを積んでる」と言いました。

続けて「災害に備えて脆弱《ぜいじゃく》なところには土のうを積むだろ？　ひとつひとつはただの砂が入ったちっぽけな袋だ。だが、それを丁寧に積んでいくと、多少のことではびくともしなくなる壁になる。それと同じで俺は毎日『小さな達成感』を積むようにしている。コツコツと丁寧に積むことで、それは自分の弱さを守ってくれる強力な壁になる。困難や失敗が押し寄せてきても、それまでに積んだ達成感が俺を守ってくれる。胸についてる徽章はそのおまけみたいなもんだ」。

そのときは「かっこいいなぁ」くらいで終わった出来事でしたが、私がメンタルを壊した後になって、本当に大事なことだと気づき、もう少し真剣に受け止めて土のうを積んでおけばよかったと反省しました。今はその反省を踏まえて、日々「小さな達成感」を積むことを意識して生きています。

別に大層な目標を立てる必要はないんです。

ちなみに私の小さな目標のいくつかを紹介すると、「1日1回はお地蔵さんにお参りに行く」「通勤時間は英語の海外ドラマを見る」「社食ではヘルシーランチを食べる」などです。近所のお地蔵さんのところに行けばちょっとした運動に、海外ドラマを見ていれば英語のリスニングの練習に、少しだけカロリー控えめのランチにすればちょうどいい体重の維持につながります。

それぞれそんなに難しくはないので、無理なく続けられて「小さな達成感」を得られるし、長く続けていけば自信がついてきます。その際、結果を気にしてはいけません。先にお話しした教官が言ったように、「小さな達成感」を積んできたという自信こそが何より大事で、結果はそのおまけみたいなものなんです。

本当にちっぽけな袋に砂を詰めるような作業なので、バカらしく思えるかもしれません。

でも、結局は弱い自分を自分で守る術は「小さな達成感」を積むくらいしかないと思っています。

今から少しずつでも積んでいけば、ゆくゆくは最強の防護壁となって自分を守ってくれますよ。

“「小さな達成感」の積み重ねが自分を守る防護壁になる”

おわりに

前作『メンタルダウンで地獄を見た元エリート幹部自衛官が語るこの世を生き抜く最強の技術』を書いてから2年以上が経ちました。

実のことを言うと、もう本は書かないつもりでした。

今回の「人生から逃げない戦い方」というタイトルに驚かれた方もいるでしょう。前作のキャッチコピーが「心が折れる前に、逃げよう。」だったので…。

心が折れる前に逃げることはとても大事なことだと思っています。

心さえ生きていれば、何度でも再起が図れるからです。

しかし、一方で「逃げる」ということは、とても難しいことでもあります。

逃げることに失敗してしまうと、もっと不利な状況になるからです。さらに、逃げることを繰り返すと、人生をも放棄せざるを得ない状況に追い込まれるおそれもあります。

かくいう私は、心が折れてしまってから逃げた身です。

心が折れるまでの過程は地獄のようでしたが、心が折れて人生から逃げてしまった後は果てしない虚無が広がっており、これもまた別の地獄でした。

なので、安易に逃げるという選択肢を取るのは危ういと考えています。

このような想いから、どうすれば人生から逃げなくてもいい戦い方ができるのかをずっと考えてきました。

自分の失敗の要因を回収することから始め、その要因を「考え方」「環境」「働き方」「人間関係」「回復」に分けてみました。そのうえで、自分の感覚だけでなく、これまでに培った戦略や戦術、危機管理の知識と経験を当てはめて、人生から逃げなくてもいい戦い方を考えてみました。

ここ数年、この人生から逃げなくてもいい戦い方を実践してみたところ、とても生きやすくなったし、この戦い方ができていれば、あのとき心が折れることもなかったと思うようになりました。

そして、過去の自分のようにもがき苦しむ人が少しでも減ったらいいなと思い、再び本を書くことにしました。

今回の本は、構想の段階ではかなり難解で、かつ厳しめの内容でした。

それを多くの方々のお力添えのおかげで、とてもわかりやすく、マイルドな内容に落ち着くことができました。

まず、漫画を描いてくれた死後くん。

難しくて厳しめの内容でしたが、死後くんのマンガやイラストのおかげで、親しみやすい本に仕上がったと思っています。

今回も一緒に本を作ることができて、とても幸せです。

ありがとうございます。


扶桑社のみなさん。

久しぶりの執筆で思うように進まないなか、丁寧かつしっかりとサポートしてくださいました。

おかげさまで、無事に書き上げることができました。

ありがとうございます。


自衛隊。

今回の本を書いているときも、自分の基本基礎は自衛隊で形成されたものが多いと改めて実感しました。

自衛隊で学んだことは、ずっと私の人生で生き続けています。

感謝しております。


そして、SNSで私の投稿を応援してくださっている方々。

みなさんの温かいコメントや「いいね」が、私の生きる励みになっています。

本当にありがたい存在です。


最後に、2024年3月に他界した母へ。

いつかお母さんと話してた「生きるための本」、ようやく書き上げることができましたよ。

ありがとう。

わび

わび　X（@Japanese_hare）

とある企業の危機管理屋。

以前は幹部自衛官として、主に師団司令部、方面総監部などに勤務。入隊後10年間は順風満帆だったが、激務とパワハラが重なり、メンタルダウン。第一線からの異動を経て、「人に認められるためではなく、もっと楽しく生きたい」と人生をやり直すために転職。今は会社員として働きながら、趣味の畑仕事や狩猟などを楽しむ日々を過ごす。

一方で、転職をきっかけに自衛隊などの社会人経験で身につけたメンタルコントロール術、仕事や人間関係に対する向き合い方などを中心にXで発信を開始。

普通の会社員にもかかわらず、投稿はネットニュースなどにも取り上げられ、フォロワー数は17万人を突破。

前著『メンタルダウンで地獄を見た元エリート幹部自衛官が語るこの世を生き抜く最強の技術』は3万部を超えるなど、人気を博している。

人生から逃げない戦い方
メンタルダウンから生き延びた
元幹部自衛官が語るユル賢い生存戦略

発行日　2024年11月18日　初版第1刷発行

著　者　わび
発行者　秋尾弘史
発行所　株式会社 扶桑社
〒105-8070
東京都港区海岸1-2-20　汐留ビルディング
電　話　03-5843-8581（編集）
03-5843-8143（メールセンター）
www.fusosha.co.jp
印刷・製本　タイヘイ株式会社　印刷事業部

ISBN 978-4-594-09719-6